평화의 눈길로 돌아본 한국 현대사
한홍구와 함께
걷다

분단의 눈금을 풀어본 한국 현대사
한홍구와 함께
걷다

2009년 11월 30일 처음 펴냄
2014년 10월 14일 4쇄 찍음

지은이 한홍구   사진 최승훈
펴낸이 신명철   편집장 장미희   편집 장원, 박세중   디자인 최희윤
펴낸곳 (주)우리교육 검둥소   등록 제 313-2001-52호
주소 (121-841) 서울특별시 마포구 월드컵북로 43(서교동)
전화 02-3142-6770   팩스 02-3142-6772
홈페이지 www.uriedu.co.kr
전자우편 geomdungso@uriedu.co.kr
출력 한국커뮤니케이션   인쇄·제본 미르인쇄

ⓒ 한홍구, 2009
ISBN 978-89-8040-344-8 03900

이 책의 내용을 쓰고자 할 때는, 반드시 저작권자와 출판사의 허락을 받아야 합니다.
잘못된 책은 바꾸어 드립니다. 책값은 뒤표지에 있습니다.

이 도서의 국립중앙도서관 출판시도서목록(CIP)은 e-CIP 홈페이지(http://www.nl.go.kr/cip.php)에서
이용하실 수 있습니다.(CIP 제어번호:CIP2009003750)

평화의 눈길로 돌아본 한국 현대사

한홍구와 함께
걷다

들어가며

 2000년 성공회대학교에 자리 잡은 때부터 '문화답사기행'이라는 교양 수업을 맡게 되었다. 사학과가 있는 학교의 경우 매 학기 답사를 가지만, 이렇게 정규 과목으로 답사가 편성되는 경우는 거의 없다. 성공회대학교의 독특한 분위기가 작용하여 여러 선생님들이 특색 있는 교양 과목으로 문화답사기행이란 과목을 미리 만들어 놓고 역사를 가르칠 교수를 뽑았던 것이다. 즉 문화답사기행이란 과목은 궁둥이가 무거운 내가 스스로 개설한 과목은 아니었다. 10년 동안 미국에 있다가 이런 과목을 맡으니 나 역시 처음 가 보는 곳도 있었고, 전에 갔다 하더라도 너무 시간이 많이 흐른지라 기억이 가물가물했다. 그래도 학생들과 함께 현장을 찾아보니 그 맛이 쏠쏠했다. 몇몇 학생들은 2학기에도 답사 수업을 더 듣고 싶다고 하여 과목명을 달리해서 '문화유산탐방'이란 강의를 하나 더 개설했다.
 대략 15~16주 진행하는 강의에서 수강 신청 변경이 끝날 때까지를 기다려 셋째 주에 첫 답사를 나가고, 학생들이 사전에 공부하고 둘러보아야 할 만한 곳은 미리 강의실에서 수업을 하면 실제 답사는 대략 한 학기에 8~9회 가게 된다. 한 학기에 두 번쯤은 버스를 빌려 조금 떨어진 곳을 찾았지만, 나머지 경우는 학생들이 대중교통을 이용해 올 수 있는 곳으로 답사를 갔다. 이 책에 수록된 장소는 지난 10년간 내가 학생들과 함께 발품을 팔아 찾았던 역사의 현장 중에서 특히 인상 깊었던 열 곳을 택한 것이다.

성공회대학교에는 사학과가 없었던지라 나는 교양학부 소속으로 교양 수업만 할 수밖에 없는데, '한국현대사' 같은 수업과 비교해 볼 때 답사 수업은 독특한 장점이 있었다. 직접 자기 발로 현장을 찾아가 거기서 자기 눈으로 보면서 설명을 듣는 것과, 강의실에 앉아서 역사 수업을 받는 것은 분명 달랐다. 학생이 따로 없는 교양학부 소속인지라 학생들과 가깝게 접할 기회가 부족한 나로서도 답사 수업은 학생들과 친하게 만날 수 있는 기회였다.

1990년대 초반, 유홍준 선생의 《나의 문화유산 답사기》가 출간된 이래 이러저러한 답사기가 많이 나와 있다. 글쓴이의 독특한 시각과 체취가 배어 있는 좋은 책들이 많이 있지만, 답사란 것이 매우 주관적인 작업인 데다가, 평화운동을 하는 내 나름대로 특별히 강조하고 싶은 것들이 있다 보니 기존에 나와 있는 답사 관련 서적으로는 충족되지 않는 뭔가 아쉬운 부분이 많았다. 보이는 것에 대한 설명은 충실했지만, 보이지 않는 것들, 감춰진 것들의 의미를 불러오는 그런 답사 책이 아쉬웠다. 5~6년 전 원고 청탁을 하러 왔던 우리교육의 장미희 선생은 내가 답사 수업을 하고 있다는 얘기를 듣더니 눈을 동그랗게 뜨고 이것저것 묻더니 다음 답사 장소에 나타나 한 학기 내내 답사를 쫓아다녔다. 몇몇 답사에서는 녹음기를 들이대고 녹취도 하더니 급기야 답사기를 내자고 나를 못살게 굴었다. 그 성화에 덜컥 "그럽시다"라고 얘기한 잘못이 결국 이 책으로 나오게 된 것이다. 2004년부터 2007년까지 국정원과거사위원회에 잡혀가 있느라 다른 건 생각할 겨를이 없어 책의 준비가 미뤄졌다. 장미희 선생은 그냥 있다가는 나한테서 원고를 받아 낼 수 없다고 생각했는지 잡지 〈우리교육〉

에 연재하는 기획을 잡아 왔다. 그 덕에 어쩔 수 없이 매달 한 꼭지씩 1년을 연재하게 되었다. 우리교육 검둥소의 장원 선생은 매번 원고 정리 작업을 도와주었다.

  굴곡이 많았던 한국 근현대사를 지내다 보니 어느 곳이나 이러저러한 사연이 깃들지 않은 곳은 없다. 이 책에 소개한 답사지 열 곳은 서울 인근에 있는 장소 중에서 평화운동과 과거사 청산 운동을 해 온 나의 활동과 특히 연관이 있는 장소를 추린 것이다. 평화운동을 시작한 뒤에는 같은 장소를 가도 보이는 게 달랐다. 과거사 청산 작업을 본격적으로 시작한 뒤에는 서대문형무소나 남산이 예사롭지 않게 다가왔다. 늘 지나치던 곳이었지만 촛불은 광장 구석구석에 스민 의미를 되새길 기회를 제공했다. 독자 여러분도 자신의 삶의 맥락에서 역사의 현장과 새롭게 만나시길 기대해 본다.

2009년 가을
한홍구

차례

들어가며

'전쟁'을 기념하는 곳에 '평화'는 없다_전쟁기념관   11

'피해자'와 '역사'가 공존하는 곳_나눔의 집   31

화해할 수 없는 모순의 공간_국립서울현충원   53

조선왕조의 상징이자 근대 민족 수난사의 비극적 상징
_경복궁   73

역사적 현장은 오늘을 비추는 거울이 되고
_독립공원과 서대문형무소 역사관   107

풀뿌리 하나에도 역사가 숨 쉰다_강화도 133

미완의 혁명이 땅에 묻혀 있는 곳_국립4·19민주묘지 167

서울, 민주화 운동의 발자취를 따라서
　　_공포정치의 무대 '남산'과 민주화의 성지 '명동성당' 191

민주주의가 태어나는 곳_광장 213

오래 문물이 상륙하던 관문 인천_차이나타운과 자유공원 233

'전쟁'을 기념하는 곳에
'평화'는 없다
전쟁기념관

서울 용산에 가면 전쟁기념관이 있다. 세계의 전쟁 관련 시설 중 규모만 놓고 보면 제일 크다고 한다. 이곳은 원래 육군본부가 있던 자리이다. 그전에는 미8군이 그전에는 조선 주둔 일본군 사령부가 있었다. 지난 100년 동안 외국 군대, 한국 군대가 자리 잡았던 땅에 앞으로도 '전쟁'을 '기념'하는 슬픈 시설이 자리 잡고 있을 것 같다. 전쟁이 우리의 일상에 깊숙이 들어와 전쟁기념관만 한 크기로 우리를 압도하는 한 말이다.

군사독재, 토목 국가의 전쟁기념관 건립

　서울의 한복판에 한국전쟁 기념 시설을 짓자는 논의가 시작된 것은 1988년, 6월 항쟁이 있고 딱 1년 후의 일이다. 김대중, 김영삼의 분열로 간신히 생명을 유지하던 군사독재 정권은 이명박 정부와 마찬가지로 자신들이 왜 국민에게서 비판을 받는지를 도저히 이해하지 못했다. 그들은 진보적 학생운동 세력이 한국전쟁을 경험하지 못했기 때문에 '한국전쟁에서 군이 나라를 구한 것을 고마워하지 않는다'라고 분노했다.

"최근 사회 일각에서는 체제 전복을 꾀하는 좌익 세력들이 준동하고 있다. 이러한 시기에 전쟁기념관을 건립하여 올바른 호국정신을 함양시키고자 하는 것은 매우 뜻깊은 일이다. 앞으로 이 사업이 젊은 세대들에게 국가 의식 함양의 새로운 이정표가 되고 나아가 후세에 안보의 성역이 되리라고 믿는다." 당시 국방부 장관이던 이상훈은 전쟁기념관 건립사에서 이같이 말했다. 단군 이래 최대의 언론 자유가 보장된 이 시기에 군사독재에 대한 비판은 고조되었고 정치적 입지가 좁아진 군은 심각한 위기감을 느꼈는지 전쟁기념관 건립에 더욱 열을 냈다.

전쟁기념관 건립은 청와대의 주도와 국방부의 책임 아래 마치 군사작전인 양 신속하고 일사불란하게 전개되었다. 1990년 9월 28일 첫 삽을 뜬 전쟁기념관은 만 4년이 채 안 돼 1994년 6월 개관했다. 건립 예산 1,246억 원은 모두 국방 예산에서 충당되었다. 다른 나라는 이런 시설을 지을 때 명칭과 의미를 정하는 데에만 여러 해가 걸리는데 한국은 전쟁기념관을 그보다 몇 년 앞서 건립된 독립기념관이 그랬던 것처럼 웅장한 건물로 매우 빠르게 지어 올렸다.

사실 전쟁기념관이 들어선 자리에 있던 육군본부는 나름대로 근현대사에서 의미 있는 유적들이 모인 공간이었다. 일본군 사령부 시절부터 사용되던 유서 깊은 건물도 여러 채 있었고, 또 수십 년간 육군본부가 사용했던 건물들은 그것대로 생생한 역사적 의미가 있는 것이었다. 역사의 현장에 관련 기념 시설을 짓는다면 그 의미가 살아나고 관람객들도 있는 그대로 현장 체험을 할 수 있을 텐데, 왜 있는 건물을 급히 때려 부수었을까? 아쉬워하는 내게 동행한 친구는 옆구리를 쿡 찌르며 "웅장한 새 건물을 지으면 천 몇 백 억짜리 공사를 하게 되는데 그런 좋은 '껀수'를 왜 놓치겠느냐?"라고 말한다. 그러고 보니 토목 국가 한국의 선봉대는 맞다, 공병대였다! 내 어릴 적, 김현옥 등 서울의 지도를 바꿔 놓았던 여럿이 공병 출신이었다!

노태우 정권 시절, 거침없이 추진되던 전쟁기념관 건립은 1993년 문민정부를 표방한 김영삼 정권이 들어서면서 곳곳에서 제동이 걸렸다. 그때만 해도 조선일보와 동아일보가 아직 온전히 정신을 놓기 전이어서 종종 '멀쩡한' 이야기를 하고는 했다. 조선일보는 논설위원이 집필하는 칼럼 '만물상'에서 "전쟁기념관을 세울 수 있는 돈으로 전국에 적어도 열 개의 어린이 과학관을 만들 수도 있는 것"이라며, "무엇이 더 소중한가를 따져 보겠다는 사람도 정부 안에는 있는 것 같지가 않다(조선일보 1993년 6월 11일 자 1면)"고 탄식했다. 동아일보는 "대외 전쟁에서 여러 차례 승리한 나라도 자국의 모든 전쟁을 망라한 호전적 종합 기념관을 세우지 않는다"면서 "우리 역사상 치욕의 한 부분인 동족상잔의 전쟁을 기념하는 박물관을 서울 한복판에 세울 필요가 있을까?(동아일보 1993년 6월 8일 자 1면)"라고 반문했다.

전쟁기념관을 둘러싼 논란에서 가장 시선을 끄는 것은 역시 그 생뚱맞은 명칭이었다. 도대체 전쟁이 기념할 만한 일인가? 당시 한국국어교육학회 회장이었던 진태하 교수는 전쟁도 기념할 수 있다고 생각하는 전쟁기념관 건립 추진자들의 무식을 풀어 주려고 "동족상잔의 비극적인 전쟁을 기념한다는 것은 마치 '부친 사망 기념'이라고 쓰는 것 같은 망발(진태하,〈전쟁기념관은 왜 개칭되어야 하나?〉,《새국어교육》50호, 1993)"이라고 깨우쳐 주었다. 그러나 이 명칭이 단순히 '무식'의 소치였을까? 전쟁기념관 추진 주체들이 제일 선호했던 명칭은 '승전기념관' 또는 '전승기념관'이었다고 한다. 한국전쟁은 흔히 '끝나지 않은 전쟁'이라 불린다. 끝나지 않았다는 것은 승패도 없다는 뜻이다. 그런데도 과연 한국군은 한국전쟁에서 승리했다고 할 수 있을까?

박물관이 역사의 유물을 모아 놓고 이를 끊임없이 연구하고 분석하고 토론하고 재해석하는 열린 공간이라면 기념관은 종교적 의례의 경건함이 요구되는 닫힌 공간이다. 기념관에서는 경배와 찬양이 요구될 뿐 의심하고 재해석하는 것은 용납되지 않는다. 전쟁기념관은 딱 그런 곳이고 또 그렇게 생겨 먹었다. 잘생긴 사각 대지에 완벽한 좌우대칭의 웅장한 석조 건물, 넓디넓은 광장, 좌우로 길게 뻗은 석조 회랑은 보는 이를 압도한다. 또 어찌나 넓은지 원형 크기 그대로 복제해 놓은 광개토대왕비가 타워팰리스 앞의 옛날 주공아파트마냥 아주 겸손해 보인다. 크다고 꼭 좋은 게 아니라는 것만큼은 이곳에서 확실하게 배울 수 있다.

1950년 6월 25일에 멈춰 선 전쟁

전쟁기념관 입구에서 가장 먼저 눈길을 끄는 것은 형제상이다. 이 형제상은 국군 '형'과 인민군 '아우'의 크기가 한눈에 표가 난다. 그래서 평화운동, 통일 운동을 하는 사람들은 이 형제상에 시비를 건다. 형제의 만남을 그리려면 대등한 만남이 되어야지 큰형한테 매달리는 막내처럼 무릎 꿇고 매달리는 모습은 남북 화해의 정신에 맞지 않다는 것이다. 게다가 형은 무장을 갖추고 있는데 인민군 동생은 총을 어디다 내버렸는지 비무장이다. 이 작품이 표현하려고 한 것이 화해인지 인민군의 투항인지 알 수가 없다.

그러나 건립 당시에 이 형제상을 두고 '전쟁기념관사업회' 내에서 벌어진 논란을 돌이켜 보면 위의 비판은 참으로 '시대착오적'이다. 입만 열면 북진 통일을 외치다가 막상 전쟁이 터지자 한강 다리를 끊고 도망갔던 일패도지의 악몽을 '승전의 기억'으로 화려하게 채색하려는 '장군님'들에게 성스러운 전쟁기념관에 살아 있는 인민군을 전시한다는 것은 안 될 말이었다.

시계탑

형제상

형제상을 돌아가면, 시계탑이 나온다. 커다란 시계 두 개, 그중 하나는 시간이 1950년 6월 25일 새벽 4시에 멈춰 있다. 이것이 전쟁기념관의 표준시이다. 전쟁기념관의 시간 개념은 이 시간에 멈춰 서 있다. 전쟁기념관이 보여 주는 것은 21세기의 입장에서 새롭게 재해석되는 전쟁이 아니라 1950년 6월 25일 새벽 4시의 전쟁인 것이다. 그렇다고 전쟁기념관이 1950년 6월 25일의 전쟁을 다양한 각도에서 총체적으로 보여 주는 것도 아니다.

전쟁은 정말 1950년 6월 25일 새벽 4시에 시작된 것일까? 아무도 베트남전쟁이, 이라크전쟁이, 남북전쟁이, 1차 세계대전이, 중동전쟁이 몇 월 며칠 몇 시에 시작했는지를 한국전쟁처럼 중시하지 않는다. 그러나 한국전쟁에서만큼은 특히, 전쟁기념관에서만큼은 이 시간에 우리가 알아야 할 진실의 모든 것이 들어 있다고 말한다. 보여 주는 것만 보아서는 안 되는 까닭에 전쟁기념관 같은 시설을 돌아보는 것은 피곤하다.

죽은 이의 이름이 상징하는 것

광장을 가로지르면 저 멀리 반대편 회랑이 보인다. 좌우대칭인지라 똑같은 구조이다. 회랑으로 올라가 보면 화강암 기둥이 몇 개 늘어서 있고 화강암 기둥 몇 개를 지나면 반들반들하게 닦아 놓은 까만 오석烏石판이 여러 개 붙어 있다. 그중에는 이름이 새겨진 오석판이 있는데 창군 이래 한국전쟁을 거쳐 오늘에 이르기까지 '전사'한 국군 장병의 명단을 새겨 넣은 것이다. 본관 벽면에 평행하게 설치된 회랑에는 유엔군 전사자의 이름이 동판에 새겨져 있다. 그 동판 위로 "전혀 알지도 못하는 나라, 한 번도 만난 적이 없는 국민을 지키라는 부름에 응했던 그 아들딸들에게 경의를 표합니다"라고 쓰여 있다.

국가가 세우는 전쟁 관련 시설은 한결같이 '가신 이들의 희생을 헛되이 하지 마라'는 결의로 충만해 있다. 모든 근대국가는 이런 믿음을 심어 주려고 국립묘지를 세우고, 수십 년이 지나고 나서도 유해 발굴 사업을 한다. 그렇다면 시민들은 국가가 이렇게 죽은 이의 이름을 기억하고자 애쓰는 것에 대해 감사해야 할까? 왜 국가는 이런 노력을 하는 것일까?

아무도 기억하지 않는 죽음은 개죽음이다. 만약 국가가 다음번 전쟁을 포기했다면 이런 노력을 하지는 않을 것이다. 만약 국민이 전쟁에서의 죽음을 개죽음이라고 여긴다면 국가는 전쟁을 수행할 수 없을 것이다. 오늘 죽은 '군인'을 찬양하는 행위는 내일 또 군인들의 목숨을 요구해야 하기 때문이다. 아직 이름이 새겨지지 않은 까맣고 반들반들한 오석판 위로 거기 이름이 새겨질지도 모르는 아이들의 눈부시게 찬란한 미래가 스치고 지나가 섬뜩하다.

비싼 입장료를 내고 현관을 가로질러 들어가면 '호국추모실'이 나온다. 호국추모실로 들어가는 입구에는 양옆으로 한국전쟁 때 격전이 벌어졌던 전선을 그린 그림이 붙어 있고 그 앞에는 '전쟁기념사업회'가 선정한 호국 인물의 흉상이 전시되어 있다. 지금은 다른 분으로 교체되었지만 전에는 윤길병 대위의 흉상이 있었는데, 그 흉상 앞에 놓인 설명이 많은 생각을 하게 만들었다. 그가 호국 인물로 선정된 이유는 적에게 포로가 되는 '불명예'를 피하려고 자결했기 때문이란다. 설명에 따르면 부하들을 미리 대피시켰다는데, 왜 그는 함께 가지 못했을까? 또 적에게 포로가 되는 것은 왜 불명예인가?.

일본군은 그렇게 가르쳤다. 적에게 포로가 되는 불명예를 피하라고. 그래서 일본군은 옥쇄玉碎를 선택했다. 자기만 죽으면 그래도 나았다. 부하를 죽이고 강제로 끌고 간 조선인 노무자나 위안부도 죽이고 주민 들도 죽였다. 과연 우리 군은 지금, 불가피한 상황에서 자신의 목숨을 귀하게 여기라고 가르치는가? 아니면 포로가 되는 '불명예'를 피하기 위해 윤길병 대위처럼 자결하라고 가르치는가?

이런 '불경'한 생각을 뒤로하고 '호국추모실'로 들어간다. 오른편으로 고개를 돌려 보면 어두운 방 속에 바닥이 환하다. 가까이 가 보면 바닥 속에 책이 들어 있다. 전쟁기념관의 첫 관문인 '호국추모실'에서 가장 중요한 상징물인 전사자 명부다. 우리가 이름만 듣고도 펄쩍 뛰는 야스쿠니 신사에서 가장 중히 여기는 것도 전사자 명부이다. 야스쿠니와 전쟁기념관 사이에 이런 유사중이 나오는 것은 우연일까? 필연일까?

일본의 침략 전쟁은 비판하고 한국이 수행한 '정의의 전쟁'은 찬양하는 시각이 아니라 모든 전쟁을 반대한다면 전쟁에서 죽어 간 죽음을 어떻게 기억해야 할까? 우리가 이 '경건'한 명부 앞에서 불편함을 금할 수 없는 것은 군인들의 이름만을 기록하고 있기 때문이다. 군인이 아닌 죽음 또는 군인에 의한 죽음, 전쟁기념관은 그 수많은 이름들을 '기념' 하지도 '기억' 하지도 않는다. 산산이 부서진 이름이여, 허공 중에 흩어진 이름이여!

군인의 눈, 피해자는 어디에도 없다

계단을 올라 2층으로 올라가면 드디어 '6·25전쟁실' 이다. 이 전시실을 보여 주려고 군 출신 인사들은 국가를 움직여 이 거대한 전쟁기념관을 지은 것이다. 전시실 입구에 자리 잡은 육탄 10용사상은 단번에 사람들의 눈을 확 잡아끈다. 조금 더 들어가면 백마고지의 육탄 3용사를 또 만날 수 있다. 우리는 또다시 한국군에 드리운 일본군의 그림자를 만나게 된다. 야스쿠니 신사에 딸린 전쟁기념관인 류슈칸遊就館에 가면 굵은 나무 봉을 셋이서 들고 적진으로 돌진하는 '원조 육탄 3용사' 를 볼 수 있다.

후진국이 하듯이 부족한 자본과 군사기술을 그저 몸으로 때워 메우는 낡은 방식을 지금도 찬양해야 하는 걸까? 언제까지 육탄 3용사, 육탄 10용사가 한국군의 모델이어야 하는가? 오래도록 한국군은 이들의 감투 정신을 군인이 갖추어야 할 정신 전력의 귀범으로 삼았다. 히딩크 감독은 정신력에 대한 이런 낡은 타성을 깨 주었다. 우리는 한국 축구가 체력은 딸리지만 정신력으로 버틴다고 생각했다. 그런데 히딩크 감독은 한국 축구 선수들의 체

육탄 10용사상

력은 세계 최고 수준인데, 이길 수 있다는 정신력이 부족하다고 지적했다.

발길을 옮기면 커다란 전광판이 전쟁 발발 당시의 남과 북의 군사력을 끊임없이 비추고 있다. 병력 10만 대 20만, 전차 수 0 대 242, 공군기 수 0 대 211 , 자주포 수 0 대 176. 한국군이 전쟁 발발 사흘 만에 수도 서울을 빼앗기는 등 초반에 완패한 것은 모두 장비가 부족했기 때문이라는 것이다. 게다가 치사하게 일요일 새벽에 다들 휴가 보내고 외출한 사이 기습해 왔다는 것이다. 전쟁만 일어나면 '점심은 신의주에서 저녁은 평양' 에서라고 큰소리치던 한국군이 전쟁 초기에 '점심은 대전에서 저녁은 부산' 에서 먹어야 할 정도로 완패한 것은 한국군에게는 지금도 트라우마가 아닐 수 없다. '우리에게 탱크만 있었더라면' 이라는 가정의 신화는 일패도지의 악몽을 씻어 보려는 몸부림이다.

뒤이어 나오는 것은 한강선 방어 전투를 그린 투시화이다. 만일 이 기념관의 시점이 군인이 아니라 민간인이었다면 한강과 관련된 전시 아이템은 한강선 방어 전투가 아니라 한강철교 폭파였을 것이다. 갑자기 쳐들어 온 인민군을 38선 이북으로 격퇴하고 있으니 안심하고 생업에 종사하라던 선무 방송, 난데없는 굉음과 한강철교의 폭파……. 그렇게 다리를 끊고 도망갔던 세력은 인천 상륙작전 이후 돌아와 부역자를 색출한다며 눈을 부라렸었다. 이런 기억도 떠올리면 안 된다. 전쟁기념관은 군대, 군사주의, 군 출신이 운영하는 국가를 찬양하는 곳이니까.

공습과 폭격의 사진들도 마찬가지이다. 평화박물관에서는 공습과 폭격을 주로 피해자의 시각으로 처리한다. 그러나 전쟁기념관에서는 '우리'가 폭격의 주체다. 폭격을 당하는 자는 공산 측. 그들을 위해 고민해서는 안 된다. 노근리 등지에서 미군의 폭격으로 죽은 사람들은 그저 부수적 피해(collateral damage : 군사 목표물 주변 지역이 피해를 입은 것을 가리킨다. 무고한 민간인들의 죽음을 부수적인 것으로 치부해 버리는 표현이다)를 입은 사람들일 뿐이다.

일본의 평화박물관에서는 공습이 자주 전시의 주요한 주제로 등장한다. 일본인들은 하늘에서 하염없이 떨어지는 폭탄이 가져다준 숨 막히는 공포의 기억을 되살리면서 자신들이 전쟁의 '피해자'였음을 자각한다. 공습의 압도적인 공포와 그 기억은 전쟁을 반대하고 평화를 바라는 염원의 출발점일 수 있다. 단, 일본의 평화박물관 중 상당수는 전쟁의 가해자로서의 책임을 외면하거나, 가볍게 여기고 있다. 자신이 당한 피해를 절대화하다 보면 다른 사람의 피해는 보이지 않는다. 공습이라는 공포의 체험과 기억이 지금 이 순간 다른 곳에서 벌어지는 무자비한 공습에 대한 반대와 피해자들에 대한 연민과 연대로 이어지지 못하는 것이 아쉬울 뿐이다. 그러나 전쟁기념관에 오면 일본의 평화박물관에 대한 이런 비판은 사치일 뿐이다. 전쟁기념관이 투사하는 전쟁의 공식 기억 속에서 한국인들은 폭격자의 편에 서 있어야 하기 때문이다.

우리는 재일 한국인 학도병의 전투 장면을 재현한 커다란 투시화와 만나게 된다. 어린 학생들이 학업을 중단하고 전쟁에 휘말

4구역으로 가는 통로에는 한국전쟁에서 전사한 유엔군의 명부가 적혀 있다.

리게 된 것은 참으로 가슴 아픈 일이다. 북이나 남이나 소년병들이 너무 많았다. 강제가 아니었다고 해도 이때 총을 잡은 소년들은 찬양의 대상이 되어서는 안 된다. 우리가 또다시 어린 소년들을 전쟁에 내보내려 하는 것이 아니라면, 진정 지구 곳곳에서 총을 든 소년병들이 고향으로 돌아가기를 원한다면 말이다.

전쟁을 다시 볼 여지는 있는가

우리는 무심히 다음 방으로 옮겨 가지만, 땅바닥에는 하얀 페인트로 글씨가 쓰여 있다. '38선'이라고. 국군이 38도선을 넘어가면서 한국전쟁은 아주 다른 전쟁이 되어 버렸다. 처음 유엔의 임무는 공산군을 38도선 이북으로 격퇴하는 것이었다. 38도선 이북으로 공산 정권을 타도하고자 진군하는 것은 애초에 유엔이 부여한 유엔군의 범위를 크게 벗어나는 것이었다. 이 때문에 맥아더와 이승만은 1950년 10월 1일 국군으로 하여금 38도선을 먼저 넘어가게 했다. 38도선 이북에서의 국군의 군사행동이 기정사실로 된 후, 유엔군은 10월 8일 38선을 넘어섰다. 그 10월 1일이 바로 국군의 날이다. 국군의 생일과는 아무런 관련이 없는 날. 중국은 유엔군이 38선을 넘어 북진하는 것은 곧 중국에 대한 침략이라며 중국이 참전할 것이라고 누차 경고했다. 맥아더는 두 가지 차원에서 이 경고를 무시했다. 첫째, 성립한 지 1년도 안 된 중화인민공화국이 한국전쟁에 군사적 개입을 할 수 없을 것이고, 둘째, 중국군이 개입해 봤자, 별 볼일 없을 것이라는 이유였다. 맥아더의 판단은 두 가지 모두 잘못된 것이라는 점이 곧 드러났다. 중국은 100만 대군을 보냈고, 북진했던 미군은 궤멸적 타격을 입고 후퇴해야 했다. 맥아더는 이 판단 착오를 만회하기 위해 이북과 만주에 일차로 원자폭탄을 26발이나 투하하자는 등 확전을 주장하다가 해임되었다.

전쟁기념관에서 민간인은 전쟁기념관 3층에 있는 '전시생활관'에 가서야 비로소 등장한다. 전시생활관은 전쟁기념관에서 가장 흥미로운 곳이다. 전시생활관에서 보여 주는 피난민의 천막, 천막 학교의 모습, 전쟁 중의 생활상 등은 평화박물관을 지어도 똑같이 보여 줄 만한 모습들이다. 다만 그 메시지(이런 꼴을 당하지 않기 위해 미리미리 군사력을 증강하고 군인들을 잘 모셔야 하느냐, 아니면 전쟁이 일어나면 가장 큰 피해를 당하는 것은 민간인이기 때문에 평시에 반전 평화를 위해 애써야 하느냐)는 차이가 있다.

전쟁기념관이 재현해 놓은 땅굴을 지나 우리가 다다르게 되는 곳은 '해외파병실'이다. 이곳에서 우리는 다시 한 번, 멈춰 서 있는 1960~70년대식 역사를 만나게 된다. 베트남전쟁을 제국주의 침략에 대한 독립 전쟁으로 이해하는 전 세계의 상식적인 평가와 달리 이곳에서는 베트남전쟁을 "반공 십자군 전쟁"으로, 한국군 파병을 "국가적인 무한한 긍지와 보람을 갖게 되는 계기"로 이해한다. 이런 역사 인식이 지배하는 곳에는 "미안해요, 베트남" 운동과 같은 한국군에 의한 베트남 민간인 학살이나 파병, 라이따이한 문제 등에 대한 성찰이 들어설 자리가 없다. 그리고 적어도

이 방에서는 '월남'은 통일된 것이 아니라 "패망"했다.

지금 일본에서는 상당한 수준에서 우경화가 진행되었다고 한다. 하지만 아직도 군국주의는 경계의 대상이다. 반면 한국에서는 상당한 수준의 민주화가 진행되었다고는 하지만 군사주의는 여전히 국가와 사회의 헤게모니적 위치를 잃지 않고 있다. 그런 한국에서 '군사주의 잔치판'을 벌이는데, 전쟁기념관이 자리를 배정받지 못한다면 그야말로 군사주의는 '축에도 끼지 못하는 존재'로 전락하게 된다. 일본 야스쿠니 신사의 전쟁기념관인 류슈칸과 한국의 전쟁기념관의 가장 큰 차이는 전시의 내용이 가진 일관성과 단도직입성이다. 전쟁기념관의 곳곳에 나부끼는 각 부대의 깃발이 상징하듯, 전쟁기념관의 전시는 일관성 없는 나눠먹기에 그치고 있다. 일본의 류슈칸을 보고 났을 때 들던 소름 끼치는 느낌을 맛볼 수 없는 것, 그것이 오랜 시간 발품을 팔아 엄청나게 큰 전쟁기념관을 둘러보고 난 뒤 맛보는 안도감이다.

'피해자'와 '역사'가 공존하는 곳
나눔의 집

중부고속도로 경안 IC를 나와 경안천을 끼고 8킬로미터를 달리면 일본군 '위안부' 할머니 일곱 분이 모여 사시는 '나눔의 집'이 나온다. 나눔의 집은 일본 제국주의의 만행으로 고단한 삶을 살아오신 일본군 '위안부' 할머니들께 삶의 터전을 마련하여 드리기 위해 불교계를 중심으로 사회 각계에서 정성을 모아 마련한 집이다.

1992년 10월 서울 마포구 서교동에서 처음 문을 연 뒤, 명륜동, 혜화동을 거쳐 1995년 12월 이곳 경기도 광주군 퇴촌면 원당리에 자리 잡았다. 현재 나눔의 집은 대지 850여 평에 전문 요양 시설과 수련관 한 동, 사무실 한 동, 역사관 한 동 등이 있는 노인 주거 복지시설이다.

'위안부'라는 용어가 담고 있는 것

눈치 빠른 독자들은 조금은 불편하게 '위안부'라는 단어에 작은 따옴표가 쳐져 있는 것을 보았을 것이다. 말 자체에 동의하는 것은 아니지만 당시의 자료에 압도적으로 많이 나오고 이미 역사적 용어로 굳어져 있기 때문에 연구자들이나 관련 활동가들이 마지못해 쓰면서 찜찜한 마음을 담은 것이 이 작은따옴표이다. 왜 찜찜하냐고? '위안'이라니, 도대체 누구한테 '위안'이었단 말인가? '위안부'라는 용어 자체에 끔찍할 정도로 군국주의의 시각이 배어 있다.

일본에서, 특히 우익들은 '종군위안부'라는 말을 많이 쓴다. 그런데 우리가 종군이라는 말을 쓰는 경우는 종군기자, 종군작가, 종군화가 등과 같이 제 발로 군대를 따라간 사람들을 일컬을 때이다. 이순신 장군이 백의종군을 한 것도 자기가 원해서 한 것이지 누가 강제로 시킨 것이 아니다. 그런데 일본군의 '위안부'로 끌려간 할머니들은 하나같이 강제로 끌려간 분들이다. 인간 사냥을 하듯 끌려간 분도 있고, 돈에 팔려 간 분도 있고, 좋은 데 취직시켜 준다는 말에 속아서 끌려간 분도 있지만, 할머니들이 '위안부'가 된 것은 할머니 개개인들이 감당할 수 없었던 제국주의의 폭력성이 강제로 관철되었기 때문이다.

처음 일본군 '위안부' 문제가 제기될 당시에는 '정신대'라는 말이 널리 쓰였다. 지금도 여전히 일본군 '위안부' 문제를 제일

나눔의 집에 새로 들어선
전문 요양 시설

열심히 다루고 있는 시민단체의 이름은 한국정신대문제대책협의회(약칭 정대협)이다. 그런데 지금은 정대협도 '정신대'라는 말을 쓰지는 않는다. 왜냐하면 '정신대'는 꼭 일본군 '위안부'만을 가리키는 말이 아니라 일제의 전쟁 수행에 동원된 사람들을 통칭하는 말이기 때문이다. 쉽게 얘기해서 남자들도 '정신대'로 끌려갔던 것이다. 일본군 '위안부'가 '정신대'에 속한다고 할 수는 있겠지만, '정신대'라는 대단히 포괄적인 말로 일본군 '위안부' 문제를 설명할 수는 없다. 이 문제를 연구하는 연구자들이나 활동가들은 일본군 성 노예라는 표현을 즐겨 쓰기도 한다. 일본군 '위안부'들이 강제로 겪어야 했던 지옥 같은 생활의 본질을 잘 나타내는 말이지만, 정작 할머니들은 이 말을 싫어하신다고 한다.

'효율성'이 만들어 낸 끔찍한 역사

일본군 '위안부'는 전 세계 여성의 역사에서 가장 가슴 아픈 사건이다. 모든 전쟁에서 여성들은 극심한 피해를 입게 마련이다. 참혹한 전시 강간이 일어나지 않은 전쟁은 거의 없었을 것이다. 그런데 일본군 '위안부' 문제는 통상적인 전시 강간과는 매우 다르다. 난징 학살이나 보스니아 내전과 같이 전시 강간이 점령지 정책의 하나로 자행된 예가 없었던 것은 아니지만, 대개의 전시 강간은 군 지휘부나 국가 지도층의 묵인하에 비공식적으로 이루어졌다. 반면 일본군 '위안부' 문제는 군부의 적극적인 계획에 의하여 국가 차원에서 공식적으로 제도화한, 국가에서 관리하는 제도적인 강간이었다.

독일의 나치즘이 행한 유대인 학살이나 일본 군국주의가 행한 일본군 '위안부' 제도나 모두 20세기에 벌어진 인간성에 대한 끔찍한 만행이었다. 홀로코스트는 유럽 사회에 큰 충격을 주었다. 많은 유럽인들은 대량 학살과 같은 만행은 저 미개한 아시아나 아프리카에서나 일어날 만한 일이라고 생각했다. 유럽의 근대는 이성과 과학의 힘을 믿고 이성과 과학을 최대한 발전시켜 온 시대였다. 그런 근대에 이런 일이 벌어졌다는 것은 참으로 감당하기 힘든 일이었다. 이 때문에 유럽의 일부 지식인들은 홀로코스트 같은 만행은 알코올중독자, 사기꾼, 마약중독자, 범죄자 무리들이 중심이 된 나치스가 어쩌다가 정권을 잡아서 일어난 극히 예외적인 일로 치부하려고 했다.

이런 논리는 아주 문제가 많은 것이지만, 일본의 '위안부' 문제는 이런 논리라도 들이밀 여지를 전혀 주지 않는다. 일본군에 '위안부' 제도를 만들어 낸 자들은 알코올중독자, 사기꾼, 마약중독자, 범죄자 무리가 아니었다. 그들은 일본 육군사관학교나 동경제국대학을 나온, 대일본제국의 가장 우수한 아들들이었다.

제1차 세계대전을 거치면서 단순한 군사력의 대결이 아닌 장기적인 전쟁 수행을 위한 국가의 인적, 물적 자원 동원이 얼마나 효과적이고, 지속적이냐에 전쟁의 양상이 달렸다는 사실이 분명해졌다. 요컨대 총력전의 시대가 열린 것이다.

일본 군부에게는 20세기 초반의 러일전쟁과 러시아혁명 직후의 시베리아 출병의 경험도 극히 중요하게 작용했다. 이 두 전쟁에서 일본군은 전쟁에 의한 전투력 손실도 적지 않게 입었지만, 성병에 의한 전투력 손실이 엄청났음을 깨달았다. 당시 일본 군부는 일본이 장차 중국을 석권하고 소련을 격파한 뒤 미국과 최종전을 치러야 한다고 생각했다. 이런 큰 나라와 전쟁을 하기에는 일본은 너무나 작은 나라였다. 이런 큰 나라와 싸우기 위해서는 큰 규모의 군대가 필요한데 일본의 인구는 제한되어 있었다.

어떻게 보다 많은 인원을 전쟁에 동원할 수 있을까? 만약 이미 동원된 병사들이 성병에 감염되는 것을 막아 전투력을 유지할 수 있다면 그것은 실제 수십만을 추가로 징병한 것과 같은 효과를 낼 수 있었다. 그것은 일본 군부가 러일전쟁과 러시아혁명 직후의 시베리아 출병에서 얻은 교훈이었다. 국가가 병사들에게 '깨끗한 성'을 관리하여 공급해 준다면 병사들의 사기도 높이 유지하면서 병력의 비전투 손실도 최소화하는 일석이조의 효과를 거둘 수 있다는 것이다. 이렇게 '효율성'을 추구하는 과정에서 등장하게 된 것이 일본군 '위안부' 제도였다.

　대일본제국의 가장 우수한 아들들이 '효율성'을 추구하는 과정에서 만들어 낸 일본군 '위안부' 제도는, '효율성'이 인간의 얼굴을 잃어버릴 때 얼마나 끔찍한 일이 벌어질 수 있는가를 보여주는 반면교사이다.

부끄러운 침묵의 역사

일본군 '위안부' 문제 해결에서 가장 큰 책임을 져야 할 쪽은 당연히 일본 정부이다. 그러나 한국 정부 그리고 일본과 한국의 시민사회 역시 이 문제의 해결에서 져야 할 책임이 결코 작지 않다. 특히 할머니들의 고통이 한국이 일본 제국주의로부터 해방된 이후에도 그대로 지속되었다는 점에서 한국 정부와 한국의 시민사회가 감내해야 할 책임은 막중하다. 과연 우리는 일본에 할머니 문제의 해결을 떳떳이 요구할 만큼 할머니들을 보살피고 있는가?

　한국이 일본의 지배에서 벗어난 것은 1945년. 그런데 일본군 '위안부' 문제가 한국 사회에서 공론화된 것은 그로부터 40년이 넘는 세월이 지난 뒤인 1980년대 후반이었다. 일본군 '위안부' 출신으로는 처음으로 김학순 할머니가 공개 증언을 한 것이 1991년에 가서야였다. 이 오랜 침묵을 우리는 어떻게 받아들여야 할까? 일본군 '위안부' 할머니들의 아픔을 '정조'의 문제로, 민족의 수난으로만 여겨 온 분위기가 이런 침묵을 불러온 것이다.

나눔의 집이 이곳 퇴촌면 원당리에 자리 잡는 것도 쉬운 일은 아니었다. 독지가가 좋은 땅을 기부했음에도 사회적 편견을 극복하는 것은 만만치 않은 과제였다. 일부 주민들이 '정신대'라는 말에 무슨 정신병원이나 혐오 시설이 들어오는 것이 아닌가 하면서 심하게 반대했다고 한다. 그래도 우리 사회에 할머니 문제를 자기 일처럼 여기는 사람들이 요소요소에 있어서 어려움을 뚫고 오늘에 이르게 된 것이다. 그 후 (주)대동이 건물을 기부하여 일본군위안부역사관이 1998년 8월에 문을 열게 되었다.

일본군위안부역사관은 '성 노예'를 주제로 한 인권 박물관으로는 세계에서 처음으로 만들어진 곳이다. 이곳은 잊혀 가는 일본의 전쟁범죄 행위를 널리 알리고, 피해자 할머니들의 명예 회복을 위하여, 그리고 새로운 세대를 위한 역사 교육의 장으로 활용하고자 마련되었다.

이 역사관은 한국과 일본 시민들의 자발적 성원에 힘입어 순수

이옥선 할머니가 나눔의 집을 방문한 학생들에게 증언을 들려주고 있다. 나눔의 집 제공

민간 자원으로 설립되었기 때문에 전시의 방향과 내용에서 운동 주체의 독립성이 충분히 보장되고 있다. 더구나 이곳은 할머니들이 거주하고 계신 곳이기 때문에 피해자와 역사가 같이 숨 쉬는 살아 있는 역사관 역할을 할 수 있는데, 세계에 이러한 역사관은 어디에도 없다.

할머니들의 증언을 차분히 앉아 듣는 일은 나눔의 집이 아니고서는 갖기 어려운 기회이다. 개인이 아니라 단체로 와서 미리 신청하면 할머니들께서는 기꺼이 그 고통스러웠던 기억을 다시 불러내 자라나는 세대에게 들려주신다. 할머니들께서는 증언을 여러 번 하셨음에도 한 번 이야기를 하고 나면 가슴이 두근두근하고 밤잠을 잘 이루지 못한다고 말씀하신다. 여러 번 나눔의 집을 찾는 입장에서는 그냥 할머니들 건강하신가 정도만 확인하면 좋으련만, 처음 이곳을 찾은 학생들이 많기에 또 염치없이 할머니를 모시고 증언을 청한다.

일본군 '위안부' 문제에서, 아니 과거 청산과 관련된 모든 영역에서 피해자의 증언은 결정적인 의미를 갖는다. '객관적'인 자료가 없다느니, 배우지 못한 한 개인의 증언에 무게를 실어 줄 수 없다느니 하는 이야기는 가해자들이 늘 입에 달고 사는 말이다. 김학순 할머니의 첫 증언이 나오기까지 40여 년이라는 침묵의 벽을 뛰어 넘은 이 증언들은 역사적 사실을 복원해 줄 뿐만 아니라, 고통 속에 찌그러져 있던 피해자들이 역사의 주인으로 부활하는 계기를 제공해 준다.

할머니들의 증언은 대개 학생들이 열심히 공부해서 우리나라를 힘세고 잘사는 나라를 만들어서 다시는 당신들과 같은 불행한 사람이 나오지 않도록 하라는 당부로 끝이 난다. 결론만을 놓고 본다면 '부국강병'을 역설하는 것 같지만, 피해자의 가슴 절절한 당부이기에 우리는 가슴속 깊숙이 말씀을 새긴다.

생생한 기록의 현장, 일본군위안부역사관

할머니의 증언을 들은 뒤에는 일본군위안부역사관을 둘러보는 것이 순서다. 지상 2층, 지하 1층, 총 104평 규모로 마련된 일본군

위안부역사관은 야외를 포함하여 모두 다섯 개의 전시 공간으로 나누어져 있다. 역사관 입구로 들어가면 1층에 '제1전시공간 - 증언의 장'이 자리 잡고 있다. 이곳은 일본군 '위안부' 문제를 개괄적으로 보여 주는 곳으로 국내외 일본군 '위안부' 피해자들로부터 채록한 증언을 전시, 공개하고 일제의 군 '위안부' 만행을 기록한 각종 다큐멘터리를 상영한다.

계단을 내려가 지하로 가면 '제2전시공간 - 체험의 장'이 나오는데, 이곳에는 실물 크기로 재현된 '위안소의 방'이 있다. 담요가 덮인 나무 침대에 무심한 백열등이 흔들리고 있다. 이곳에서 열대여섯 살 어린 소녀는 바들바들 떨며 잘하지도 못하는 일본말로 "니혼진토 조센진와 덴노 헤이카가 오나지네(일본인과 조선인은 천황 폐하가 같지요)"를 외우며 옷고름을 풀어야 했다. 같이 간 일행 중 조금 짓궂은 남학생이 여학생에게 한번 누워 보라고 하자 대뜸 눈물이 핑 도는 눈치다.

이 방은 옛날 모습을 단지 재현해 놓은 공간임에도, 남자인 내

'제2전시공간 - 체험의 장'에는 실물 크기로 재현된 '위안소의 방'이 있다.

역사관 1층 '위령의 장' 앞에 참배객들을 위한 향로가 있다.

가 침상에 살짝 걸터앉아 보는 것조차 힘이 들 정도였다. 설명을 듣고 눈으로 보는 것도 중요하지만 몸과 마음으로 직접 느끼는 것이야말로 답사에서 가장 중요한 일이다. '제2전시공간'에는 또 당시 '위안소'에서 사용하던 군표, 삿쿠(콘돔) 등이 진열되어 있으며 조선, 만주, 중국, 타이완, 동남아시아 각지에 설치되었던 '위안소'의 사진이 전시되어 있다. 방 한구석에 놓여 있는 놋쇠 대야는 '위안소'의 고통스러운 일상을 말없이 전해 준다.

다시 1층으로 올라오면 '제3전시공간 - 기록의 장'이 있다. 이곳은 일본군 '위안부' 관련 각종 중요 문서와 사진(영상) 자료, 책자, 교과서 등을 전시하고 있다. 이곳에는 일제의 패망이 '광복'의 기쁨으로 이어지지 못하고, 학살과 잔류와 버림받음과 멸시로 이어진 일본군 '위안부' 출신 여성들의 슬픈 역사도 함축적으로 기록되어 있다. 또한 일본군 '위안부' 문제를 둘러싸고 일본의 극우 세력들이 자행한 각종 망언의 역사도 전시되어 있다.

'제3전시공간'에서 인기를 끄는 곳은 '위령의 장'이다. 돌아오

지 못한 여성들, 이름도 흔적도 남기지 못한 여성들을 기리는 뜻
으로 여성주의 작가 윤석남 선생의 작품 〈빛의 아름다움, 생명의
존귀함〉이 설치되어 있고, 그 앞에는 참배객들을 위한 접시 향로
가 놓여 있어 돌아오지 못한 여성들과의 말 없는 대화를 가능케
해 준다. 도대체 몇 명이나 끌려갔고, 몇 명이나 살아 돌아왔던
가? 부끄럽게도 우리는 그 숫자를 알지 못한다. 막연히 적으면 8
만, 많으면 20만이라고 추산할 뿐, 그중 몇 명이 죽었고 몇 명이
현지에 내팽개쳐졌고 몇 명이 운 좋게 돌아올 수 있었는지 우리
는 알지 못한다. 그런데 집으로 돌아올 수 있었던 것을 두고 '운
좋게'라는 표현을 써도 되는 것일까?

그 수많은 일본군 '위안부'의 80퍼센트는 조선 사람이었다고
한다. 그런데 이 땅에 살아 돌아와 '환향녀'가 되어 뒤에 "내가
일본군 위안부였소"라고 스스로 신고한 사람은 겨우 243명이다.
그리고 이제는 90명을 조금 넘는 사람들만이 살아남아 문제의 해
결을 기다리고 있다. 향로 주변에는 주로 일본인 방문객들이 만
들어 놓은 종이학이나 종이 꽃술이 늘 많이 놓여 있다. '기록의
장'에서는 또 할머니들의 증언을 들을 수 있고, 일본 대사관 앞에
서 매주 수요일마다 빠짐없이 열린 수요시위의 사진 등 일본군
'위안부' 문제의 진상 규명 활동이 사진으로 잘 정리되어 있다.

'제4전시공간 - 고발의 장'은 할머니들이 그린 작품들이 주로
전시되어 있다. 처음 할머니들은 미술 치료의 일환으로 그림을
그리기 시작했는데 김순덕, 강덕경, 배춘희 할머니 등은 놀라운
그림 솜씨를 보였다. 할머니들이 그린 그림이 갖는 절절한 호소

할머니들은 미술 치료의 일환으로 그림을 그리기 시작했다. 그중에서 김순덕 할머니의 〈못다 핀 꽃〉은 보는 이의 숨을 멎게 할 정도다.

력은 보는 이를 압도해 버린다.

그중에서도 압권은 김순덕 할머니의 〈못다 핀 꽃〉이다. 어느 주택가에 버려진 병풍을 주워다가 병풍에 놓여 있는 꽃무늬 자수 속에 열여섯 곱디고운 자신의 모습을 그려 넣은 이 작품은 정말 보는 이의 숨을 콱 막아 버린다. 아 그랬었구나! 이렇게 고운 열여섯 아이들이었구나. 할머니가 끌려간 게 아니었구나. 그 새삼스러운 발견에 가슴이 저려 온다.

강덕경 할머니의 〈책임자를 처벌하라〉 역시 강렬한 메시지를 담고 있다. 천황 히로히토쯤으로 보이는 사내를 나무에 묶어 놓고 한복을 입은 손 세 개가 그에게 총을 겨누고 있다. 강덕경 할머니는 〈빼앗긴 순정〉에서도 〈책임자를 처벌하라〉와 마찬가지로 일본 군인을 나무 속에 그려 놓았다. 어쩌면 〈빼앗긴 순정〉에 나오는 일본 군인이 〈책임자를 처벌하라〉에 나오는 그 군인일는지도 모른다. 책임자의 처벌이 어찌 사적인 보복이겠는가. 과거 청산 작업에서 공적인 처벌은 사적인 보복을 막으면서도 정의의 실현을 가져올 뿐만 아니라, 피해자의 치유에 필수적인 약 노릇을 한다.

할머니들의 그림은 일본과 미국 등지에서 여러 차례 순회 전시되면서 전 세계 사람들의 마음을 울렸다. 이 공간에는 할머니들의 작품 이외에도 수요시위와 나눔의 집의 일상을 한지 인형으로 표현한 안테레사 수녀의 작품과, 할머니와 관람객들이 보다 직접적으로 대면하고 눈을 맞출 수 있도록 고안된 육근병 작가의 〈타임터널〉이란 작품이 설치되어 있다. 또 이 공간에는 강덕경 할머니 등 이곳에서 돌아가신 할머니들의 유품이 전시되어 있다.

'제4전시공간 – 고발의 장'을 나와 계단을 내려오면 할머니들이 두 손을 직접 진흙에 눌러 찍고 이름을 새긴 핸드프린트 부조물을 만나게 된다. 핸드프린트 부조물을 지나 출구로 나오다 보면 강덕경 할머니, 김학순 할머니, 김순덕 할머니의 커다란 붉은빛 초상화가 있는데 특이한 것은 이 초상화가 역사관을 관람한 사람들의 지문 날인으로 만들어졌다는 점이다. 역사관을 방문한 한국인과 일본인, 그 밖의 수많은 나라에서 온 외국인들 수천 명의 지문으로 이루어진 이 초상화는 할머니들에 대한 지지의 마음을 절실하게 담고 있다.

나눔의 집 마당 한편에 돌아가신 할머니들을 모시는 납골당과 추모비가 서 있다.

'제5전시공간 – 추모의 장'은 야외에 자리잡고 있다. 윤영석 작가가 만든 〈못다 핀 꽃〉 동상은 위에 소개한 김순덕 할머니의 〈못다 핀 꽃〉을 모티브로 하여 만든 것인데, 동상의 발밑 지하에는 과거 일본군 '위안소'의 모형이 묻혀 있다고 한다. 이는 '위안부' 출신 여성들이 과거의 고통을 딛고 우뚝 일어서는 모습을 형상화한 것이다. 동상의 뒤쪽으로는 나눔의 집이 광주 퇴촌으로 옮겨온 뒤 처음 돌아가신 강덕경 할머니의 1주기 추모비가 서 있다. 비석의 오른쪽 건너편으로는 나눔의 집에서 돌아가신 할머니들을 모시는 납골당과 추모비가 서 있다.

역사관에서 조금 공간이 남는 곳곳에 돌아가신 할머니들의 유품을 전시하는 진열대가 하나씩 추가되는 것처럼, 참으로 슬픈 일이지만 납골당에도 끝내 한을 풀지 못하고 돌아가신 할머니들의 유골이 하나씩 늘어 가고 있다. 추모비의 옆에는 임옥상 작가의 작품 〈대지의 여인〉이 그야말로 차가운 대지를 딛고 일어서고 있다.

2009년 10월 31일에는 나눔의 집에 할머니들을 편히 모실 수 있는 전문 요양 시설이 들어섰다. 2001년부터 '땅 한 평 사기 운동'을 펼쳐 부지를 마련했지만, 상수도 보호 구역인지라 우여곡절 끝에 새로 마련한 부지 대신에 노후한 기존 건물을 헐고 그 자리에 새 건물을 지었다. 할머니들은 국민 성금으로 이런 시설을 짓게 된 사실에 대해 "많은 분이 우리와 우리 문제를 잊지 않고 있구나!"라고 하시며 매우 기뻐하셨다고 한다. 새 건물은 2층이지만 엘리베이터를 마련했다. 할머니들이 나이가 드셔서 이제는 계단을 오르내리는 것을 힘들어하신다. 건물의 외벽을 검은 벽돌로 한 것은 돌아가신 할머니들을 기리는 뜻에서다.

집념의 '수요시위'와 뻔뻔한 일본 정부

일본군위안부역사관은 전시 범위를 일본군 '위안부' 문제에 한정하고 있지만, 할머니들의 생활공간 옆에 있다는 현장성과 할머니들이 직접 그린 그림이 주는 엄청난 호소력으로 인하여 보는 이들에게 진한 울림을 안겨 주는 곳이다. 또한 역사관의 건설과 관리가 모두 민간에 의해 이루어지고 있기 때문에 전시의 내용이 외부의 바람을 탈 이유가 없다. 그러나 외부의 지원이 없다는 것은 역사관의 재정에 전혀 여유가 없다는 것을 의미한다. 따라서 전시물의 업데이트나 교체가 그때그때 이루어지기 어렵다.

　일본군 '위안부' 문제는 일본과 조선 사이의 문제이기도 하지만, 동시에 여성과 남성 사이의 문제이고, 국가와 시민 사이의 문제이고, 제국주의와 식민지 사이의 문제이고, 조선 여성 중에서도 가난하고 배우지 못한 여성들만 끌려갔다는 점에서 계급 문제 역시 포함하고 있는 아주 복합적인 문제이다.

　일본군 '위안부' 역사관의 전시는 비교적 이런 다차원의 문제를 의식하면서 준비되었다고 할 수 있다. 조금 아쉬운 것은 일본군 '위안부'로 끌려간 여성의 80퍼센트 이상이 조선인이었다고는 하지만, 다른 나라의 피해 여성들의 이야기가 충분하지 못한

왼쪽 | 수요시위 오른쪽 | 전쟁과여성인권박물관 착공식

점과, 미군 기지촌 문제 등 여전히 이어지고 있는 국가와 군대와 여성 사이의 관계에 대한 성찰이 전시에 반영되어 있지 않은 점 등을 들 수 있다.

매주 수요일이면 할머니들은 봉고차를 타고 서울로 데모하러 간다. 만 17년에 걸쳐 850여 회가 넘게 데모를 하여 단일 주제로 세계 최장 데모로 기네스북에 올랐다고 한다. 집시법에 외국 대사관 인근 100미터 이내에서는 집회를 할 수 없도록 되어 있지만 오랜 역사를 지닌 수요시위만큼은 이 법을 뛰어넘고 있다. 일본 대사관 앞은 전 세계에서 가장 끈질긴 시위가 이루어진 곳이며, 그 끈질김 앞에 꿈쩍 않고 버티는 일본 정부의 뻔뻔함이 부딪히는 역사의 현장이기도 하다.

일본군 '위안부' 문제와 관련해서는 한국정신대문제대책협의회(정대협)에서 '일본군 위안부 명예와 인권을 위한 전쟁과 여성인권 박물관'의 건립을 추진 중이다. 오랜 논란 끝에 '전쟁과여성인권박물관'의 부지가 서대문 독립공원 내로 확정되었고 2009

년 3월 8일에는 '착공식'이라는 이름의 행사가 거행되었다. 그런데 이 착공식은 여느 착공식과는 달랐다. 우리는 흔히 착공식을 할 때 "첫 삽을 떴다"라는 표현을 쓴다. 그런데 '전쟁과여성인권박물관'의 착공식은 이름은 착공식이지만 첫 삽을 뜨지 못했다.

광복회 등 독립운동 단체가 서대문 독립공원 내에 '전쟁과여성인권박물관'을 건립하는 것을 "격이 맞지 않는다"라는 터무니없는 이유로 반대하고 있기 때문이다. 그들은 순국선열을 기리는 서대문 독립공원 내에 일본군 '위안부' 할머니들의 수난을 보여주는 박물관이 건립되는 것은 "독립운동가들과 독립운동을 폄하시키는 순국선열에 대한 명예훼손"이라고 주장한다. 이런 태도야말로 나라를 찾기 위해 목숨을 바친 순국선열들을 욕되게 하는 일이 아닐까? 저렇게 고통 받고 있는 동포들을 해방시킨 것보다 더 절절한 독립운동의 이유가 있었을까? 일본군 '위안부'의 역사를 아픔이 아니라 부끄러움으로 여기는 가부장적이고 몰인권적인 태도야말로 정말 부끄러운 일이다.

화해할 수 없는 모순의 공간
국립서울현충원

동작동에 가면 국립서울현충원이 있다. 아직도 많은 사람들은 이곳을 국립묘지라고 부른다. 한국에 국립묘지는 모두 여덟 곳이 있지만, 국립서울현충원은 가장 널리 알려진 대표적인 국립묘지이다. 국립대전현충원을 비롯하여 국립5·18민주묘지, 국립4·19민주묘지, 국립3·15민주묘지 등 민주묘지 세 곳과 국립영천호국원, 국립임실호국원, 국립이천호국원 등 호국원 세 곳 등 나머지 일곱 곳의 국립묘지는 모두 국가보훈처 관할인데, 이곳만은 여전히 국방부 관할로 되어 있다.

가장 상급의 '성지' 국립서울현충원

국립현충원의 중심 시설인 현충탑에는 박정희의 글씨로 "여기는 민족의 얼이 서린 곳/조국과 함께 영원히 가는 이들/해와 달이

이 언덕을 보호하리라"라고 쓰여 있다. 일반 국민들에게도 국립서울현충원은 국가의 최고의 성지로서 그 존엄성을 널리 인정받고 있다. 그 때문인지 대통령 후보급의 거물급 정치인들도 무슨 큰일만 있으면 이곳을 찾는다.

1987년 민정당 대통령 후보 노태우가 6월 항쟁의 거센 요구를 받아들여 '6·29선언'을 통해 직선제를 수용했을 때에도 이곳을 찾았다. 1992년에는 3당 통합 이후 첫 국회의원 선거에서 참패하여 사퇴 압력을 받던 민자당 대표 김영삼도 이곳을 찾아, 쏟아지는 사퇴 압력을 대통령 출마 선언으로 맞받아쳤다. 사고를 친 – 또는 사고를 치려는 – 정치인들이 국립현충원을 찾는 이유는 이곳에 안장된 분들이 모두 자기 편이 되었으면 하는 기대에서였을 것이다.

국립서울현충원은 사람들이 많이 찾는 곳이다. 이곳에 매장되거나 위패가 봉안된 분의 숫자가 16만 7천여 명이다 보니 그 유족들의 발길이 끊이지 않는다. 근대 민족국가에서 국립묘지는 가장 상급의 '성지'이다. 국가의 통제하에 있는 교육 시스템은 학생들의 국립서울현충원 참배를 권장하고 있다.

국립서울현충원은 홈페이지를 통해 서울특별시 교육청 및 경기도 교육청과 협의하여 선열들의 나라 사랑 정신을 학생들에게 현장 교육으로 실시하기 위해 초등학교 5학년 학생, 중학교 2학년 학생을 대상으로 매일 2천여 명씩 현충선양관을 견학하도록 하고 있다고 밝혔다. 이 밖에도 지방의 많은 학교들이 현장 학습장으로 이곳을 찾고 있으며, 박정희 대통령에 대해 향수를 가진 사람들이 버스를 대절하여 박정희 대통령 묘소를 참배하는 모습도 자주 볼 수 있는 광경이다.

국립서울현충원은 총 면적이 143만 제곱미터이고, 묘역 면적은 35만 제곱미터에 달한다. 국립서울현충원은 한강을 건너 관악산에서 흘러나온 공작봉을 주산으로 하고 있는데, 공작봉의 산세가 장군이 군사를 거느리고 있는 듯한 장군대좌형將軍對坐形으로 천군만마가 줄지어 서 있는 형상이라 한다.

이곳에 터를 잡은 사람은 초대 대통령 이승만으로, 자신도 이곳에 묻혀 있다. 이승만은 한국 최초의 서양식 철학 박사지만, "지관으로서도 식견이 높았(이승만이 국립묘지에 안장될 때 이를 보도한 조선일보의 기사에 나오는 표현이다)"다고 한다. 이곳을 참배해 본 사람은 풍수지리를 잘 모른다 하더라도 정말 탁 트인 명당이라는 느낌을 받을 것이다.

국립서울현충원은 도심에서 멀지 않은 곳이지만, 산림 지역인데다 군이 특별히 관리하면서 일반인의 접근이 어려웠기 때문에 자연 생태가 훼손되지 않고 남아 있다. 이곳에는 천연기념물 243호인 붉은배새매를 비롯하여 조류 26종이 서식하고 있다. 2005년에는 MBC 방송에서 국립현충원의 조류를 중심으로 〈현충원의 친구들〉이라는 자연 다큐멘터리를 제작, 방송했을 만큼 이곳의 자연 생태는 잘 보존되어 있다.

희생을 정당화할 꽃을 바쳐라

오늘날 우리가 보는 국립묘지는 근대 민족국가 성립 이후에 등장한 근대의 산물이다. 그러나 전근대 시대에도 국립묘지가 없었던 것은 아니다. 왕이나 왕비가 죽으면 묻히는 '능陵'이나, 왕위에 오르지 못하고 세상을 떠난 세자나 정식으로 왕비 책봉을 받지 못한 왕의 생모 등을 모시는 '원園'이 있다. 능이나 원과 같은 왕조 시대의 국립묘지는 매장되는 사람의 신분이 보여 주듯이 아무나 묻힐 수 있는 곳이 아니었다. 반면, 근대국가의 국립묘지는 '나라를 위해 바친 목숨'일 경우 신분에 구애받지 않는다.

1차 세계대전을 거치면서 대부분의 근대국가가 마련한 국립묘지에 묻힌 사람들은 하급 병사가 대부분이다. 전근대의 경우 하급 병사가 죽으면 어디에 묻혔을까? 그 시절에는 냉장, 냉동 시설도 없었고, 교통편도 좋지 않았다. 높은 장군이나 유명한 왕족이면 모를까, 일반 병사의 시신을 고향으로 운구해 온다는 것은 꿈도 꿀 수 없는 일이었다. 일반 병사들은 운이 좋아야 자기가 죽은 곳 근처에 묻혔을 뿐, 뼈도 추리지 못하는 경우가 대부분이었을 것이다.

근대에 들어와 민주주의가 발전하고 전쟁의 양상이 일반 국민들 모두가 참여하는 총력전으로 바뀌면서 국립묘지는 근대국가의 가장 중요한 상징물로 등장했다. 국가는 거듭되는 전쟁을 치르면서, 그리고 앞으로 숱하게 치러야 할 전쟁을 준비하면서 전쟁에서 죽은 목숨이 의미 없는 개죽음이 아니라는 것을 보여 주어야만 한다는 것을 깨달았다. 나라를 위해 목숨을 바친다는 것에 최대한의 의미를 부여하지 않으면, 앞으로 있을 전쟁에서 국민들에게 목숨을 바치라고 요구할 수 없기 때문이다.

근대 민족주의가 발흥하면서 각 나라에는 유행처럼 무명용사 기념비나 기념탑이 세워졌고, 무명용사 묘지 또는 군인 묘지가 만들어지기 시작했다. 국립묘지에 대해 최초로 사회학적인 분석을 시도한 김종엽에 따르면 "전몰자들을 한곳에 모아 놓고, 그들을 기념하는 전몰자 숭배를 조직함으로써 국가는 국가의 토대가 바로 군대이며 희생이라는 이데올로기적 주장을 전파하고, 그렇게 함으로써 계속해서 요구될 동원과 희생을 정당화할 수 있는 상징적 지배를 이룩한다"는 것이다.

한국에서 군인 묘지 건설 논의가 시작된 것은 정부 수립 이듬해인 1949년이었다. 1948년 10월에 발생한 '여수·순천 반란 사건'에 대한 진압 과정에서 적지 않은 군인 희생자가 나왔고, 후방 각지에서 벌어진 이른바 공비 토벌 작전에서도 많은 군인들이 사망하였다. 또 1950년 6월 25일 남과 북이 38도선에서 전면적인 무력 충돌에 돌입하기 이전에도 크고 작은 무력 충돌로 인해 희생자가 끊이질 않았다. 처음에는 이들 희생자들을 서울의 장충사(獎忠祠: 현재의 장충단 공원)에 안치하였지만, 희생자 규모가 늘어남에 따라 군인 묘지 건설이 시급해진 것이다.

그런데 한국전쟁이 본격화되기 이전에 도대체 얼마나 많은 군인이 희생되었기에 군인 묘지 건설이 시급한 현안으로 등장한 것일까? 한국 사회가 흔히 한국전쟁의 공식 발발일로 기억하고 있는 1950년 6월 25일 이전에 희생된 대한민국 군인의 숫자는 약 8천 명에 달한다. 이라크전쟁에서 미군이 5년 동안 약 4천여 명 희생되었는데, 한국의 경우 불과 2년 동안에 미군 희생자의 2배 가량인 8천여 명이 희생된 것이다. 다른 나라들은 대개 전쟁을 치르면서 군인 묘지, 국립묘지를 갖추게 되었지만, 한국은 공식적인 전쟁의 시작에 앞서 미리 군인 묘지의 터를 잡아 놓는 작업을 하고 있었던 것이다. 아 그 슬픈 역사여!

국립서울현충원이 오늘의 모습을 갖추기까지는 몇 단계의 변화를 거쳐야 했다. 국군묘지로 출발한 현충원은 1965년 3월 30일 국군묘지에서 국립묘지로 승격했다. 이승만이 세상을 떠나기 직전의 일이다. 국군묘지가 국립묘지로 승격됨에 따라, 안장 대상자의 범위가 확대되어 애국지사 묘역, 경찰 묘역, 대통령 묘역 등이 조성되었다. 국립묘지는 1960년대 말에서 1970년대 초반 한국군이 대규모로 베트남에 파병되어 5천 명 가까운 희생자가 발생하면서 또 한 차례 크게 규모가 확대된다.

북쪽의 국립묘지도 참배할 수 있을까

국립서울현충원은 '비장'과 '장엄'과 '엄숙'이 넘쳐 나는 곳이다. 답사 수업을 할 때 학생들 중 가끔 반바지에 슬리퍼 차림으로 오는 친구들은 손을 베일 것처럼 날을 세운 바지를 입은 위병에게 제지를 당하곤 한다. 그러나 더 심한 복장이라도 자가용이나

국립서울현충원에 들어서면 가장 먼저 눈에 띄는 충성 분수대. 옆의 LED간판이 '추모'를 강요하고 있다.

택시를 타고 들어오면 무사통과다. 정문을 통과하면 충성 분수대가 나오는데 육군, 해군, 공군, 해병대, 예비군이 등장하고 태극기, 횃불, 월계수를 든 남녀가 나오는 등 이런 곳에서 만나는 조형물에서 늘 보게 되는 그런 모습이다. 이루 헤아릴 수 없이 많은 조형물의 똑같은 모습들……. 왜 우리는 늘 똑같은 모습, 똑같은 분위기로 '추모'를 강요받아야 하는가?

분수대를 지나 아주 넓은 잔디 광장을 통과하면 현충문과 현충탑이 나온다. 1967년 현충탑을 먼저 세운 뒤, 박정희의 지시로 이듬해에 현충문을 세웠는데 옆으로 수평으로 넓게 퍼진 현충문과 수직으로 솟은 31미터의 현충탑이 부조화를 이룬다. 탑은 문에 가려 잘 보이지 않고, 문의 지붕선은 삐죽 솟아 나온 탑에 의해 죽어 버린다. 현충문은 비슷한 시기에 박정희가 지은 광화문이나 경복궁 내의 민속박물관 건물처럼 대표적인 한옥 건물을 본뜬 것이지만, 목재는 전혀 사용하지 않은 콘크리트 덩어리이다.

현충문은 마음 같아서는 당장 철거하면 딱 좋겠지만, 나름대로 역사성을 갖고 있다. 남북 간에 극도의 긴장이 고조되어 있던 1970년 6월 22일 이곳에서는 북쪽이 남파한 공작원들이 6월 25일에 있을 기념행사에 참석할 요인들을 암살하기 위해 현충문 지붕에 폭발물을 설치하다가, 조작 미숙으로 폭발물이 터지는 바람에 한 명이 사체도 알아보기 어려울 정도로 폭사하는 일이 벌어졌다. 틀림없이 단독 행동은 아니었을 터인데 공범은 도주하여 체포되지 않았기 때문에 알려진 바 없다. 1983년 버마의 아웅산 국립묘지에서 한국 정부 요인들을 폭사시킨 아웅산 사건에 앞서 국립현충원에서도 대형 사건이 발생할 뻔한 것이다.

학생들과 함께 현충탑 앞으로 나아가 다 같이 묵념을 드렸다. 묵념이란 원래 조용히 드리는 것이지만, 현충탑 앞에서 아주 시끄럽게 묵념을 드리는 소동이 벌어진 적이 있다. 2005년 광복 60주년 '8·15민족대축전'에 참가하기 위해 서울에 온 북쪽 대표단이 놀랍게도 국립현충원을 찾아와 묵념을 드린 것이다. 이것은 정말 뜻밖의 일이었다. 남쪽의 보수 언론은 그동안의 남북 교류에서 서울을 방문한 북쪽 대표단이 국립묘지에도 참배하지 않는다고 비방해 왔다. 그런데 정작 북쪽 대표단이 국립현충원에 와서 묵념을 하고 가자 이를 남쪽 사회의 여론 분열을 노린 깜짝쇼라고 비난했다. 대표적인 수구 인사 조갑제는 자신의 홈페이지에서 북쪽 대표단의 국립현충원 참배를 "전범 집단의 철면피한 국립묘지 참배 생-쇼"라고 비난했다.

북쪽에도 당연히 그들 나름의 국립묘지가 있다. 평양 근교 대성산의 '혁명열사릉'과 신미리의 '애국열사릉'은 우리의 국립묘지에 비하면 안장 대상자의 범위가 극히 제한되어 있긴 하지만, 다른 국가들의 공식적인 국립묘지에 해당하는 기능을 하는 곳이다. 2005년 북의 조선사회민주당 초청으로 평양을 방문한 민주노동당 대표단의 김혜경 당 대표가 방명록에 "애국의 마음을 새기겠다"라고 쓴 것을 수구 세력이 문제 삼기도 했다.

국립현충원은 북쪽이 남북 간의 상호 비방이 극심하던 시절, "이승만 괴뢰 도당"이니 "박정희 괴뢰 도당"이니 하며 비방하던 이승만과 박정희가 잠들어 있는 곳이다. 과연 남쪽 대표단이 북을 방문하여 김일성이 잠들어 있는 금수산 기념 궁전이나 한국전쟁을 치른 북쪽의 지휘관들이 다수 안장된 대성산 혁명열사릉을 공식적으로 집단 참배할 수 있을까?

독립운동가와 친일파, 한곳에 잠들다

현충탑 밑으로는 위패봉안관이 있다. 위패봉안관은 한국전쟁 당시 사망했다는 사실은 확인했지만 시신을 찾지 못한 10만 3천여 전사자들의 위패를 봉안한 곳이다. 지하의 납골당에는 유골은 있으나 그 신원은 알 수 없는 무명용사 5,700여 분의 유골이 안치되어 있다. 현재 군 당국은 한국전쟁에서 전사한 군 장병의 유해 발굴 및 수습에 심혈을 기울이고 있는데, 새로이 발굴되는 유해 중에는 신원을 확인할 수 있는 유해도 많이 있지만 누가 누구인지 알 수 없는 유해 또한 많다고 한다.

위패봉안관의 천장에는 천국의 모습이 부조되어 있고, 봉안관 내부의 구석구석에는 산신령 모습을 한 수호상이 자리 잡고 있다. 위패봉안관의 중심 시설인 '영현승천상'이나 수호상의 얼굴을 보면 전통적인 한국의 얼굴이 아니라 마치 그리스 로마 신화에서 튀어나온 사람 같아 어색한 느낌을 준다.

위패봉안관을 나서서 오른편으로 조금 올라가면, 애국지사 묘역과 임시정부 요인 묘역이 나온다. 애국지사 묘역에는 이인영, 신돌석, 허위 등 의병장과 3·1운동의 지도자들, 의열 투쟁의 지도자들이 안장되어 있다. 애국지사 묘역 안에는 독립운동

위패봉안관은 한국전쟁 당시 사망했다는 사실이 확인되었지만 시신을 찾지 못한 10만 3천여 전사자들의 위패를 봉안한 곳이다.

에 헌신하다가 순국했지만 유해도 찾지 못하고 후손도 없는 순국선열 131분을 위패로 봉안하고 있다. 3·1운동 당시 희생된 유관순 열사 같은 분은 이곳에 모시는 게 당연하지만 조소앙, 정인보, 엄항섭 등 남쪽에 후손이 살아 있고 북쪽에는 묘지가 만들어져 있는 '납북 독립 유공자' 열다섯 분이 이곳에 모셔져 있는 것은 분단의 비극적 어색함을 다시 한 번 느끼게 해 준다.

임시정부 요인 묘역에는 대한민국 임시정부의 총장급(장관급) 이상의 직위를 역임한 순국선열 열여섯 분이 안장되어 있다. 이곳에는 임시정부의 2대 대통령을 지낸 역사학자 박은식, 국무령을 지낸 홍진, 이상룡, 양기탁 등이 모셔져 있다. 이런 분들을 국립묘지에 모시는 것은 당연한 일이지만, 임시정부에 참여한 분들이 어찌 총장급 이상뿐이겠는가? 우리 역사에는 직위에 연연하지 않고 자기 한 몸을 내던진 독립운동가들이 너무나 많이 있다. 이곳에서 또 눈길을 끄는 것은 임시정부 국무위원 중 가장 늦게 돌아가신 조경한 선생의 묘소이다. 조경한 선생은 생전에 국립묘지에 친일파들의 무덤이 엄청나게 많이 지어진 것에 분노하여 자신이 죽거들랑 절대로 국립묘지에 묻지 말라고 유언을 남기셨다고 하는데 어찌된 일인지 이곳에 모셔져 있다.

임시정부 요인 묘역 부근에는 충혼당이라는 새로운 건물이 들어서 있다. 국립서울현충원 묘역이 다 참에 따라 정부는 1979년에 국립대전현충원을 추가로 만들었으나 대전현충원 역시 20년 이내에 가득 차게 될 것이다. 한국처럼 땅은 좁고, 인구는 많은 나라에서 현재와 같은 묘지 및 매장 시스템을 그대로 유지한다고 하면 한국이 무덤 천국으로 변하는 것은 시간 문제이다. 이 때문에 한국 사회에는 묘지 대신 납골당에 유골을 모시는 문화가 빠르게 퍼져 가고 있다. 2005년에 준공된 충혼당은 모두 2만여 위의 유골을 모실 수 있는 현대식 납골당이다.

임시정부 요인 묘역을 본 뒤 순환도로로 올라가 길을 따라 한참을 가면 국립묘지에서 가장 높은 곳에 자리 잡은 박정희 대통령 부부의 묘소가 나온다. 이 묏자리는 한국에서 아마도 가장 많은 논란을 불러일으킨 곳일 것이다. 현직 대통령의 부인인 육영수 여사가 저격범의 흉탄에 희생되어 세상을 떠났다. 조선 시대식으로 얘기하면 한마디로 국상이 난 것이다.

이때 누가 육영수 여사의 묏자리를 잡느냐는 것은 사실상 당대 최고의 지관이 누구인가를 정하는 일이 아닐 수 없었다. 청와대 묏자리를 잡는다고 특별히 거액을 받는 것은 아니겠지만 청와대가 지목한 당대 최고의 지관이 되면 재벌 집 묏자리 잡는 일을 독점할 수 있지 않겠는가? 때문에 지관들 사이에서는 이 자리가 좋은 자리이니 나쁜 자리이니 하며 온갖 소문과 차마 입에 담기 힘든 각종 유언비어가 난무했다.

이런 유언비어야 한 귀로 흘리면 되지만 5년 후에 박정희마저 총에 맞아 세상을 하직한 것을 보면 이곳을 결코 명당이라 부를 수는 없을 것이다. 박정희, 육영수 부부의 자식들 입장에서 본다면 부모가 따로따로 총에 맞아 돌아가신 것이 아닌가? 한국전쟁 이후 부부가 5년이라는 상당한 시차를 두고 따로따로 총에 맞아 죽은 집은 아마도 이 댁밖에 없지 않을까?

국립서울현충원의 맨 꼭대기에 박정희 전 대통령 부부의 묘소가 있다.

박정희 묘소에서 내려오면 장군 묘역이 나온다. 한국의 불행한 현대사가 친일 잔재 청산을 제대로 하지 못하고 출발하다 보니 이곳에는 당연히 친일 의혹으로부터 자유롭지 못한 인물들의 상당수가 누워 있다. 국립서울현충원의 장군 묘역도 문제이지만, 국립대전현충원의 경우는 문제가 좀 더 심각하다.

이곳에서 몇 년째 논란이 이는 인물은 김구 선생 암살의 배후로 지목되는 김창룡이다. 김창룡의 무덤은 백범 김구 선생의 어머니 곽낙원 여사의 묘소와 멀리 떨어져 있지 않다. 국립대전현충원에서는 2·8독립선언의 주역으로 독립 유공자로 서훈되었다가 매일신보 시절의 친일 행각 때문에 서훈이 박탈된 서춘의 묘비가 2004년 6월 5일 대전현충원 당국에 의해 철거되었다. 얼마 후 서춘의 유족들은 그의 묘소를 이장해 버렸다.

장군1묘역 아래쪽으로는 이승만 초대 대통령 부부의 묘가 자리 잡고 있다. 장군1묘역과 이승만 대통령 묘 사이에 왼편으로는 2009년 8월 18일 서거한 김대중 대통령의 묘역이 조성되어 있다. 박정희 묘가 300평, 이승만 묘가 80평인 것에 비하여 고인의 뜻에 따라 30평 남짓, 검소하게 마련되었다. 수구 노인들이 때때로 김대중 대통령의 이장을 요구하는 집회를 갖는다니 참으로 씁쓸한 일이 아닐 수 없다.

기억하고 싶은 죽음은 따로 있다

국립묘지는 모순의 공간이다. 그 모순은 비단 독립운동과 친일이라는 결코 화해할 수 없는 두 입장이 국립묘지 속에 모두 잠들어 있는 것에 국한되지 않는다. 국립서울현충원의 28, 29묘역을 잘 살펴보면 "1980년 5월 ○○일 광주에서 전사"라고 쓴 묘비를 찾아볼 수 있다. 광주에서 희생된 계엄군의 묘비이다. 이루 형용할 수 없는 착잡한 마음으로 1980년 5월 그 뜨거웠던 광주를 떠올리게 된다.

광주 망월동에 가면 국립5·18민주묘지가 있다. 묘지 전체가 계엄군에 희생된 민주 시민들을 모신 곳이다. 죽은 자와 죽인 자 모두에게 영광을 안겨 주는 그런 국립묘지가 존재할 수 있는 것인가? 동의대 사건(1989년 입시 부정으로 촉발된 학내 시위를 진압하기 위해 무리하게 진입하던 경찰대원 일곱 명이 화재로 희생되었다) 관련 학생들이 민주화 운동 유공자로 인정되자, 희생된 전경의 가족들이 "우리 자식을 국립묘지에서 파 가란 말이냐"며 거세게 반발했던 적도 있다.

광주에서 희생된 계엄군의 묘소에서 얼마 떨어지지 않은 곳에 김오랑 육군 중령(소령으로 사망하였으나 나중에 추서됨)의 묘소가 있다. 김오랑 중령은 1979년 전두환, 노태우 일당의 하극상 쿠데타인 12·12사건 당시 특전사령관의 비서실장이었다. 전두환 일파는 정병주 특전사령관을 연행하기 위해 체포조를 보냈는데, 김

김오랑 육군 중령의 묘소

오랑 중령은 FM대로 말도 안 되는 하극상에 저항했다. 이 와중에 총격전이 벌어져 김오랑 중령이 희생된 것이다.

당시 김오랑 중령을 살해한 측이 정권을 잡았기 때문에 김오랑 중령의 의로운 행각은 땅에 묻히고 말았고, 그의 부인은 남편의 명예 회복을 위해 국가를 상대로 소송을 준비하다 의문스러운 죽음을 맞이했다. 당시 경찰은 그의 죽음을 자살로 추정했지만 유가족들은 타살 의혹을 주장하고 있다. 일부 육사 생도들은 원칙을 지키다가 희생된 김오랑 중령을 참군인의 표상으로 기린다고 한다. 국민들의 세금으로 운영되는 국립묘지는 김오랑 중령 같은 참군인들을 기리는 공간이 되어야 한다. 그러나 대한민국의 국립현충원에는 김오랑 중령과 그의 죽음에 책임 있는 자들이 같이 누워 있다.

전쟁기념관도, 국립묘지도 모두 기억하고 싶은 죽음만 기억한다. 그것은 국가의 보훈 체계 속에 포섭되어 버린 이상, 국립5·18묘지라고 해서 예외가 아니다. 국립5·18묘지가 자리 잡은 곳은 망월동으로, 이곳은 원래 망월동 공원묘지라는 공동묘지가 있던 곳이다. 1980년 5월 전두환 일당은 무참한 학살을 자행한 뒤 그 희생자들의 시신을 청소차나 리어카에 싣고 와 이곳에 버리듯이 매장하고 가 버렸다. 광주를 기억하는 모든 사람들은 전두환 정권의 삼엄한 경계를 뚫고 이곳을 찾았고, 망월동 묘지는 자연스럽게 성지가 되었다. 그리고 광주를 기억하려는 투쟁에서 희생된 사람들도 하나둘 망월동에 안식처를 구하였다.

그런데 이른바 '묘지 성역화 사업'이 진행되면서 '5·18 유공자' 만이 새로운 묘역으로 이장되었고, 5월의 희생자와 투사들 곁에서 안식을 구하려던 이한열 등 민주 열사들은 국립묘지(신묘역)에 가지 못하고 공원묘지(구묘역)에 그대로 남게 되었다. 5월 광주가 광주일 수 있었던 것은 광주를 기억하는 사람들이 숱하게 많았기 때문이다. 그러나 공간적으로는 그리 멀리 떨어지지 않은 구묘역과 신묘역의 거리는 특정한 죽음을 기린다는 일의 복잡함과 공허함을 동시에 보여 준다.

한국전쟁에서 희생된 무수한 죽음을 외면한 채 군인들의 죽음만을 기리는 국립현충원. 몇 천 구의 민간인 학살 희생자 유골이 방치되어 온 대구 경산의 코발트 광산 등 민간인 집단 희생의 매장지들은 사실은 모두 국립묘지여야 한다. 단 한 치의 어긋남도 없이 질서 정연하게 서 있는 묘비들을 보며 나는 힘들게 현충원을 찾아오는, 이제는 머리가 하얗게 센 늙은 어머니들을 떠올린다. 왜 국가는 전쟁에서 죽은 젊은이들을 어머니의 품으로 돌려보내지 못할까? 죽어서도 군복을 벗지 못하는 젊은이들을 보며 나는 목이 멘다.

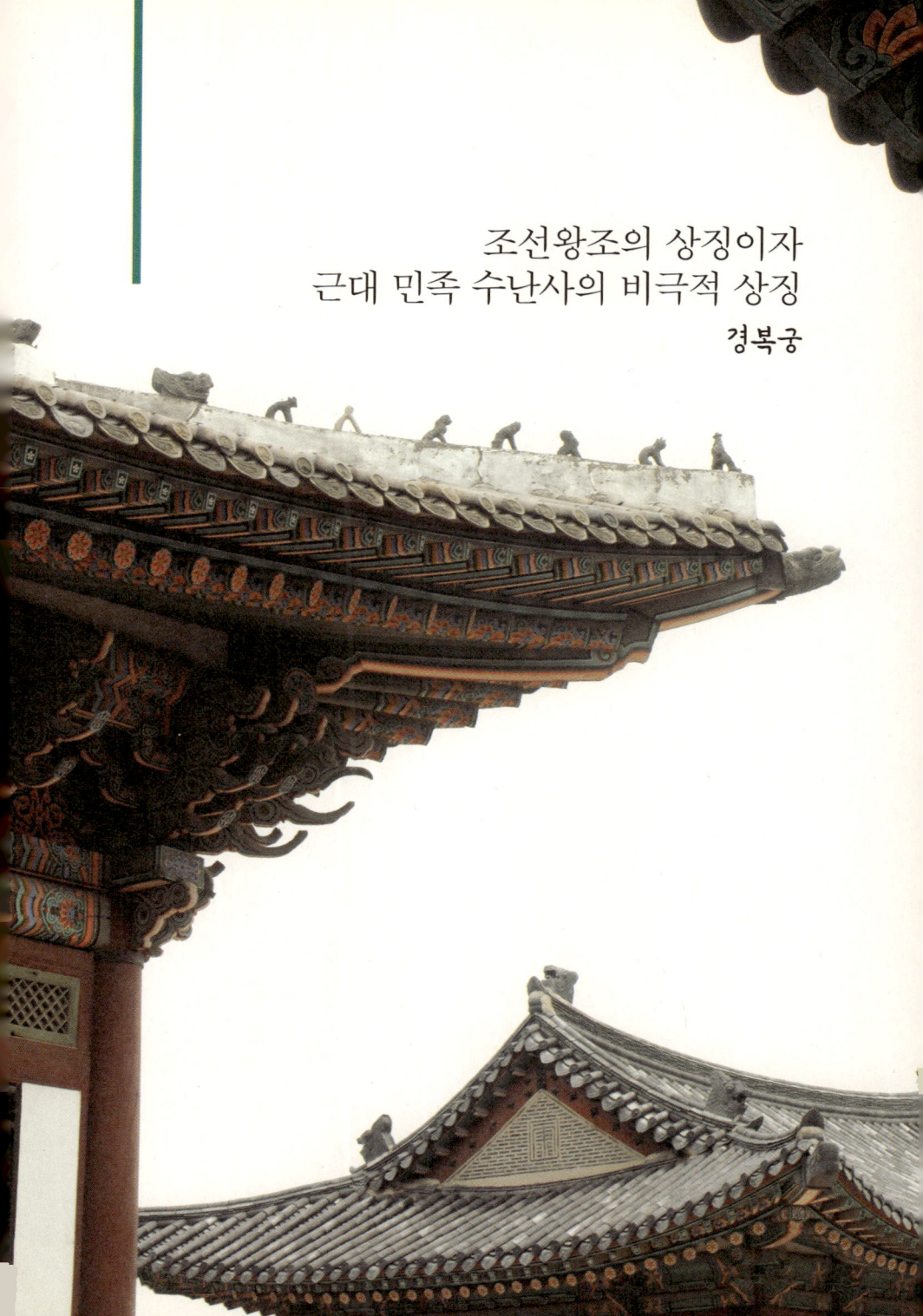

조선왕조의 상징이자
근대 민족 수난사의 비극적 상징

경복궁

서울에 살면서 경복궁을 안 가 본 사람은 없을 것이다. 누구든지 다 가 보는 곳, 그러나 자신 있게 잘 안다고 할 수 없는 곳이 바로 경복궁이다. 경복궁은 조선왕조의 정궁이다. 조선 시대에는 경복궁 이외에도 창덕궁, 창경궁, 경희궁, 경운궁 등 궁궐이 많았다. 그 많은 궁궐 중에서 가장 역사가 깊고 기본이 되는 궁궐이 바로 경복궁이었다.

누구나 다 가는 곳, 하지만 잘 모르는 경복궁 이야기

한양은 조선왕조의 도읍이 되기 전에 고려의 남경이라 불렸는데 경복궁 터에는 원래 고려의 이궁이 있었다고 한다. 북악산을 주산으로 하고 낙산을 좌청룡, 인왕산을 우백호로 하고 남산(목멱산)을 안산으로 하는 경복궁의 빼어난 입지가 고려인들의 눈에도

경복궁 전경이다. 북악산을 주산으로 하고 낙산을 좌청룡, 인왕산을 우백호로 하고 남산을 안산으로 하는 빼어난 입지이다.

띄었던 모양이다.

  태조 이성계는 조선왕조를 개창한 뒤 도읍을 개경에서 한양으로 옮겼고, 경복궁을 지었다. 그러나 태조의 뒤를 이은 정종은 1395년 경복궁에 큰불이 난 후 개경으로 환도했고 7년이 지나서야 태종이 다시 돌아와 이곳을 정궁으로 삼았다. 정종의 개경 환도로 경복궁이 버려져 있던 기간에는 근정전 앞에까지 인왕산 호랑이가 내려올 정도로 경복궁이 황폐했었다고 한다. 이후 경복궁은 세종대왕의 증축을 거쳐 조선왕조의 정궁으로 자리 잡았다.

경복궁의 참담한 종말 – 을미사변과 아관파천

경복궁은 1592년 임진왜란이 발발한 뒤에 큰 시련을 겪었다. 일본군의 침략에 선조와 조정 중신들은 궁을 빠져나갔다. 《선조수정실록》에 따르면 선조 일행은 궁을 빠져나가면서 백성들이 성 밖으로 피난 가지 못하도록 사대문을 굳게 잠갔다고 한다. 이때 '도성의 간악한 백성들'이 궁궐에 불을 지르고 금은보화를 다투어 가져갔다는 것이다. 불길이 먼저 치솟은 곳은 궁궐 안에 있던 장예원과 광화문 바로 앞의 형조였다고 한다. 두 곳 모두 노비 문서를 보관하는 기능을 수행했던 곳이다. 조선왕조의 정궁이 일본군에 의해서가 아니라 조선 백성에 의해서 약탈당하고 불살라진 광경은 참으로 처연하다.

  경복궁은 백성들에 의해 불살라진 후 무려 270여 년 동안 쑥대밭으로 남아 있었다. 한양의 한복판, 그 넓은 경복궁 터가 여우가 뛰어노는 곳이 되었건만 조선왕조는 경복궁을 다시 짓지 못했던 것이다. 사실 경복궁을 지은 뒤 크고 작은 화재와 사고가 끊이지 않다가 마침내 경복궁이 완전 소실되어 버리자 경복궁 터가 풍수상 길하지 않다는 주장이 강력히 제기되었고, 선조는 경복궁을 중건하기 위해 준비한 재료로 대신 창덕궁을 고쳐 지었다고 한다. 광해군은 동쪽으로는 창덕궁과 창경궁을 중건하고, 서쪽으로는 경희궁을 중건했지만 경복궁의 중건은 추진하지 않았다. 이후 현종, 숙종, 영조 등이 경복궁 중건의 염원을 표한 바 있지만 뜻을 이루지 못하다가 고종이 즉위한 뒤인 1865년에 가서야 대원군이 중건하게 되었다.

왕의 살아 있는 아버지 흥선대원군의 등장은 조선 500년 역사에서 처음 있는 일이었다. 대원군이란 칭호를 받은 이는 이전에 두 명 더 있었다. 선조의 생부와 철종의 생부가 덕흥대원군과 전계대원군으로 추존된 바 있지만 이 두 사람은 죽고 난 뒤에 아들이 왕이 되는 바람에 이런 호칭을 얻은 것이다. 그러나 흥선군 이하응은 마흔다섯 살의 나이에 열두 살 난 아들 명복이 익종과 조대비의 양자가 되어 왕위를 계승하게 되자 살아 있는 왕의 '생부'가 된 것이다. 정조가 죽은 뒤 60여 년간 세도정치가 계속되면서 왕권은 약화되고 왕실의 권위는 땅에 떨어졌는데 대원군은 경복궁 재건 사업을 통해 왕실의 존재를 알리고 왕권의 존엄함을 과시하기 위해 대공사를 도모한 것이다.

고종이 즉위하기 전 해인 1862년에는 영호남과 충청 등 삼남

지방에 대대적인 민란이 일어난 바 있고 중국에서는 아편전쟁 이후 태평천국의 난이 한창인 때여서 조선은 안팎으로 매우 어려운 처지에 놓여 있었다. 그럼에도 대원군은 다른 보수적 개혁 정책과 아울러 경복궁의 재건을 밀어붙인 것이다. 대원군은 창건 당시의 규모보다 훨씬 큰 13만 평의 대지 위에 무려 350여 개의 전각을 지었다. 대원군은 경복궁 중창에 소요되는 막대한 재원을 확보하기 위해 원납전願納錢이라는 명목으로 도합 760여만 냥의 기부금을 걷어 들였다.

문자 그대로 자원해서 납부하는 돈이 원납전이겠지만 대원군의 세도에 눌려 양반들이 원치 않는 돈을 원망하면서 냈다고 해서 원납전怨納錢이라 불렸다고 한다. 이 원납전으로도 돈이 모자라 도성의 성문을 드나드는 사람이나 우마차의 짐짝에 통과세를 부과하고 당백전까지 발행해 가며 겨우 경복궁을 중건할 수 있었다. 이렇게 힘겹게 지은 경복궁은 중건 이후 딱 30년만 사용되었을 뿐이다.

조선왕조가 망하기 15년 전인 1895년, 한 나라의 왕후가 궁궐에서 외국의 무뢰배들에 의해 무참히 살해당하는 '을미사변'이라는 전대미문의 사건이 일어났다. 나중에 명성황후로 추존된 중전 민씨는 흔히 '민비'라고 불리는데 뮤지컬〈명성황후〉는 민비를 엄청나게 미화했다. 그러나 역사학자 다수는 민비에 대해 냉정한 또는 부정적인 평가를 내리고 있다. 중전 민씨에 대한 역사적 평가가 어찌 되었든지 간에 한 나라의 왕후가 대궐에서 외국인에 의해 참살당하고 시신은 불태워지는 일은 정말 있을 수 없는 일이다. 민비를 정점으로 한 민씨 일족의 세도와 부패를 비판해 마지않던 사람들조차 의병으로 떨쳐 일어나지 않을 수 없었던 것이 당시의 현실이었다. 이때 고종은 일제가 장악한 경복궁과 친일 내각의 포로가 되어 있다시피 했는데, 명성황후 피살 6개월 만인 1896년 2월 고종은 경복궁을 빠져나와 러시아 공사관으로 피신하게 된다. 이것을 역사에서는 '아관파천' 이라 부른다.

고종은 러시아 공사관에 1년이 넘게 머물다가 명성황후가 살해당했던 경복궁이 아니라 외국 공관에 둘러싸인 덕수궁으로 뻘쭘하게 환궁하여 매우 어색한 몸짓으로 '대한제국' 을 선포하게 된다. 고종은 1919년 세상을 뜰 때까지 덕수궁에 머물렀고, 순종은 어머니가 살해당한 경복궁 대신 창덕궁에 머물렀으니, 조선왕조의 정궁으로서의 경복궁의 운명은 '을미사변' 과 '아관파천' 이라는 참으로 있을 수 없는 일을 겪으며 참담한 종말을 맞았던 것이다.

어찌 슬퍼할 일이 궁궐 경복궁의 운명뿐이리오. 김일성조차 망해 가는 나라와 그 백성들의 참담한 운명을 이렇게 탄식했다. "한 나라의 왕비가 궁궐 안에서 외국 테러단의 칼에 맞아 죽고, 왕이라는 것은 다른 나라 공사관에 가서 1년 동안이나 갇혀 있는가 하면, 임금의 친아버지가 외국에 납치되어 가 귀양살이를 하여도 오히려 사죄를 해야 되는 판국이었다. 왕궁을 지키는 것도 남의 나라 군대에 맡겼으니 이 나라는 누가 지켜 주고 돌보겠는가?"

주인 잃은 경복궁의 수난

당시 사람들이 슬픔에 겨워 부르던 아리랑 타령마냥 밭은 헐어서 신작로 되고 집은 헐어서 정거장 되고 말깨나 하는 놈 재판소 가고 일깨나 하는 놈 부역 끌려가는 세상에 주인 잃은 궁궐이 온전할 수 있었겠는가.

지금이야 경복궁 복원 사업이라고 해서 이것저것 많은 전각을 지어 놓았지만 1990년대까지만 해도 경복궁에 들어가면 남아 있는 건물이라고는 근정전, 사정전, 경회루, 수정전, 자경전 등 몇 개가 되지 않았다. 경복궁을 처음 지을 때 정도전은 "궁궐이란 임금이 정사를 다스리는 곳이요, 사방이 우러러보는 곳이요, 신민들이 다 나아가는 곳이므로 제도를 장엄하게 해서 위엄을 보이고 이름을 아름답게 지어 보고 듣는 자에게 감동을 주어야 한다"고 썼다.

원래 대궐이란 왕의 주거 공간일 뿐 아니라 많은 관서가 들어서 있는 왕과 관료들의 집무 공간이었다. 사극에 나오는 수많은 상궁 나인과 무수리, 환관이나 별감 등 궁궐에서 숙식하는 사람들도 1천 명을 훌쩍 넘었다. 이 사람들이 한데에서 잤을 리는 없지 않겠는가. 경복궁은 350여 개가 넘는 크고 작은 건물이 빽빽이 들어선 공간이었다.

그런 경복궁에서 일제는 왕의 침소인 강녕전, 왕비의 침소인 교태전, 동궁의 침소인 자선당 등을 비롯하여 수백 개의 건물을 헐어다가 일부 자재는 창덕궁의 보수에 썼지만 대부분을 남산

일대의 일본인 고위 관료들의 사택을 짓거나 아니면 일본으로 가져가 호텔 등에 조선풍의 한옥을 짓는 데 써 버렸다.

특히 1915년 일제의 한국 강제 병합 5주년을 기념하는 '시정5년 기념 조선물산공진회'라는 일종의 박람회를 경복궁에서 개최한다는 명목으로 수많은 건물을 헐어 냈고, 1916년에는 조선총독부 청사를 착공하면서 광화문과 근정문 사이에 있던 흥례문, 행각 등을 철거했고, 1926년 조선총독부 청사가 완공되면서 경복궁의 정문인 광화문이 철거, 이전되었다.

지금은 광화문의 해체, 이전 작업이 한창인데 광화문이 지금 이만큼이라도 남아 있을 수 있었던 데에는 야나기 무네요시柳宗悅라는 일본인의 역할이 컸다. 조선총독부가 광화문을 완전히 해체해 버리려 할 때 야나기는 요미우리 신문에 '사라지려 하는 한 조선 건축을 위하여'라는 논설을 발표하며 일본의 야만적인 문화 파괴 행위를 규탄했는데, 이 글은 동아일보에 '아! 광화문'이란 제목으로 번역해서 보도되었다. 야나기는 이렇게 썼다. "광화문이여, 광화문이여, 너의 목숨이 이제 경각에 달려 있다. 네가 일찍이 이 세상에 있었다는 기억이 차가운 망각 속에 묻혀 버리려 하고 있다. …… 어쩌면 좋단 말이냐. 내 마음은 갈피를 못 잡고 있다. 무자비한 끌과 매정한 망치가 너의 몸을 조금씩 파괴하기 시작할 날이 이제는 멀지 않게 되었다. …… 너를 낳은 너의 친근한 민족은 지금 언론의 자유를 잃고 있는 것이다. …… 그러므로 그들을 대신해서 너를 사랑하고 아끼는 자가 이 세상에 있다는 것을 생전의 너에게 알리고 싶은 것이다. 그래서 나는 이 말들을 적어서 공중 앞에 내보내는 것이다."

　언론인 설의식도 '헐려 짓는 광화문'이라는 글에서 이렇게 슬픔을 되뇌었다. "의식 없는 물건이요, 말 없는 건물이라 헐고 부수고 끌고 옮기고 하되, 반항도 회피도 기뻐도 설워도 아니 한다. 다만, 조선의 하늘과 조선의 땅을 같이한 조선의 백성들이 그를 위하여 아까워하고 못 잊어 할 뿐이다. 오랫동안 풍우를 같이 겪은 조선의 자손들이 그를 위하여 울어도 보고 설워도 할 뿐이다. 석공의 망치가 네 가슴을 두드릴 때 너는 앎이 없으리라마는 뚜닥닥 소리를 듣는 사람이 가슴 아파하며 역군의 연장이 네 허리를 들출 때에 너는 괴로움이 없으리라마는 우지끈 하는 소리를 듣는 사람이 허리 질려 할 것을 네가 과연 아느냐 모르느냐?"

박정희의 엉터리 재건

이런 우여곡절을 겪으며 경복궁 동쪽으로 옮겨진 광화문은 1950년 한국전쟁 당시에 목조로 된 부분이 모두 불타 버렸다. 광화문의 다른 이름은 오문午門으로 남쪽 문이라는 뜻인데 남쪽 문이 동쪽 문인 건춘문 담벼락에 내팽개쳐진 것이다. 궁궐의 정문이 남둔인 것은 왕이 남쪽을 바라보고 있기 때문이다. 광화문뿐 아니라 경복궁의 건물 하나하나가 자리 잡을 때는 나름대로 철학적 의미를 지닌 것이었는데 남문이 동쪽으로 가 버렸으니 궁궐의 파괴가 참으로 처절했던 것이다. 하기야 왕조 자체가 몰락했는데 경복궁 정문의 뿌리 뽑힘을 탄식해 무엇할까.

  1968년 박정희는 경복궁을 옮겨 지었다. 그런데 기왕 옮겨 지을 것이면 원위치에 제대로 복원해야 할 터인데 이미 도로가 나 있다고 원래의 위치보다 10여 미터 뒤에다가 옮겨 지었고, 좋은 나무를 구해 목조 부분을 복원하는 대신 콘크리트로 후다닥 짓고 그 위에 울긋불긋 단청을 칠해 버렸다. 게다가 방향도 근정전, 사정전 등의 남북 축 대신에 조선총독부 건물의 방향에 맞추어 3.5도 동향으로 틀어 버렸다. 이것을 복원이라고 할 수 있을까? 박정희는 결연히 붓을 들어 한글로 광화문이라는 글씨를 써서 현판을 걸어 놓았다.

  박정희는 여기저기 수많은 휘호를 남겼지만 사실 그의 글씨는

해체된 광화문의 단면이다.
박정희는 경복궁을 재건하면서 목조가 아닌 콘크리트로
후다닥 짓고 그 위에 울긋불긋 단청을 칠해 버렸다.

그리 볼품이 없다. 그래도 좋은 서예가들 모셔다가 나름 글씨 연습을 하고 난 뒤 1970년대에 쓴 글씨와 비교해 볼 때 초기작인 광화문 현판은 그의 글씨 중에서도 제일 못 쓴 글씨에 속한다. 현재 진행 중인 복원 공사가 끝난 후 광화문에 대원군이 중창했을 때의 원래의 현판 글씨를 복원하여 거느냐 박정희의 글씨를 거느냐가 논란이 되는 모양인데 이건 당연히 원래의 글씨를 걸어야 한다. 이것은 박정희에 대한 호불호의 문제가 아니다. 글씨를 걸어야 할 장소가 그야말로 서울의 중심 광화문이고 박정희가 쓴 그 글씨는 너무 졸렬하기 때문이다.

법의 상징 해태상과 유교 궁궐 속 불교 유적

광화문 앞에는 해태상이 있다. 우리는 보통 해태라고 부르지만 조선 시대에는 해치라고 더 많이 불렀다. 해태상은 복원 공사 이전에는 광화문에 바짝 붙어 있었지만 원래는 광화문에서 남쪽으로 약 80미터가량 떨어진 지금의 정부종합청사 정문 부근에 있었던 것이다. 속설에 따르

경복궁 앞에는 해태상 한 쌍이 있다. 해태는 불을 다스린다는 속설이 있고 조선 시대에는 법의 상징이었다.

유교 국가였던 조선의 정궁인 경복궁 뜰에는 탑이나 부도 같은 불교 유적이 흩어져 있다. 일제가 1915년 물산공진회를 개최하면서 볼거리로 전국 각지의 사찰에서 유물을 모아 왔기 때문이다.

면 해태는 불을 다스린다고 한다. 한양의 조산인 관악산의 화기가 세어 경복궁에 화재가 빈발하기 때문에 그 화기를 다스리기 위해 해태 한 쌍을 광화문 앞에 두었다는 것이다.

해치는 조선의 사대부들에게는 불을 다스리는 것보다 법의 상징으로 다가왔다. 해치는 여러 가지 다른 이름이 있는데 그중의 하나가 죄가 있고 없음을 잘 알아본다고 해서 식죄識罪였다. 원래 해치는 지금의 해태상 모습과는 달리 뿔이 하나 있었는데 사람이 다투는 것을 보면 올바르지 못한 사람을 뿔로 들이받았다고 한다. 조선 시대의 감찰 기관인 사헌부의 관헌들이 쓰던 관을 해치관이라고 불렀으니 잘못을 저지른 자들을 해치처럼 들이받으라는 뜻이었다.

　광화문을 지나 왼편으로 보면 고궁박물관이 있다. 지금은 고궁박물관 북쪽에 일본에서 반환 받은 북관대첩비의 모형이 서 있지만 한동안 이 부근에는 탑이며 부도며 불상 등 불교 유적이 이것저것 흩어져 있었다. 잘 알다시피 조선왕조는 유교 국가였다. 유교 국가의 정궁 뜰에 불교 유적이라니! 있을 수 없는 일이다.

　이런 해괴한 일이 왜 벌어졌냐 하면 일제가 1915년 물산공진회를 개최하면서 볼거리로 전국 각지의 사찰에서 유물들을 모아왔던 것이다. 그런데 탑이나 불상이나 부도는 절에서 신앙의 중심적인 상징물이다. 탑이나 불상이 없는 절을 생각할 수 없는데 절에서 탑과 불상을 가져가 버렸다는 것은 절도 파괴되었다는 것을 의미한다. 유교 국가 궁궐의 불교 유적은 유교도 불교도 다 파괴되었다는 것을 상징하는 것이다.

조선총독부 건물 철거의 의미

지금은 홍례문과 행각이 들어서 있고 넓은 광장이 조성되어 있지만 1995년까지 이곳에는 조선총독부 건물이 서 있었다. 해방 50주년을 맞이하여 김영삼 정권이 '역사 바로 세우기'의 일환으로 국립중앙박물관으로 사용되고 있던 조선총독부 건물을 박물관 이전 대책도 제대로 세우지 않고 헐어 버린 것이다. 조선총독부 건물의 철거를 둘러싸고는 여러 가지 논란이 많았다. 철거를 주장하는 측에서는 일제 지배의 상징을 제거하는 작업은 경복궁의 풍모를 되살릴 뿐 아니라 민족정기를 바로 세우는 일이라고 강조했고, 철거를 반대하는 측에서는 오욕의 역사도 역사라면서 해방 이후 미군정과 대한민국의 중앙청으로 사용된 이 건물을 보존하는 것이 오히려 민족 교육에 도움이 될 것이라고 주장했다.

한편 절대 다수의 문화인들은 철거에 대한 찬반 여부와는 상관없이 현실적으로 이 건물이 국립중앙박물관으로 사용되고 있는 조건하에서는 박물관 이전 계획을 잘 수립한 다음에 건물을 철거하는 것이 마땅하다고 강조했다. 그러나 김영삼 정권은 자신의 임기 중에 맞이한 광복 50년 기념행사의 하이라이트로 삼기 위해 한국전쟁 때도 아무런 대책 없이 박물관 유물을 다 옮겼다면서

돌들이 쌓여 있는 곳이 옛 조선총독부가 있던 자리이다.

건물을 해체시켜 버렸다.

우리 사회 도처에 깊숙이 퍼져 있는 일제 잔재는 그대로 둔 채 건물만 들어내면 삐딱하게 누워 있던 역사가 벌떡 일어서기라도 하는 것일까. 조선총독부 건물은 철거는 철거대로, 보존은 보존대로 나름대로 중요한 의미를 지니는 일이었다. 이 건물을 철거할 때 하더라도 자기 임기 중에 서둘러 철거할 것이 아니라 우리 사회 전반에 만연한 친일 잔재의 척결 프로그램과 결부하여 그 마지막 순서로 철거하면 안 되었을까. 혹시라도 조선총독부 건물의 철거라는 이벤트를 언젠가 서울에서 있게 될 남북 정상회담의 상징적인 행사로 남겨 둘 만한 여유는 없었던 것일까. 총독부 건물에 가려져 본모습을 잃었던 경복궁이 제 모습을 찾은 것은 참으로 반가운 일이지만 속절없이 건물만 헐린 채 아직도 도처에서 작동하고 있는 일제 잔재를 보면 또 허전한 마음을 금할 수 없다.

부지런히 백성을 다스리는 곳, 근정전

총독부 건물을 헐고 새로이 복원해 놓은 흥례문을 들어가면 영제교라는 작은 다리가 나온다. 영제교 밑을 흐르는 개울은 사람이 판 것인데 그 이름을 금천禁川이라 한다. 중국의 자금성에도 금천이 들어가 있듯이 궁궐이란 사람들이 함부로 범접할 수 있는 곳이 아니다. 궁궐을 지을 때는 이렇게 개울을 만들고 다리를 놓아 임금이 사는 곳과 바깥세상을 의식적으로 나누었다.

풍수지리에서는 이 개울을 명당수라 하여 의미 부여를 하고 있는데, 실용적인 면에서는 이 개울은 궁궐의 방화수 구실을 하기도 했다. 모든 궁궐에는 이렇게 물을 끌어다가 금천을 만들고 거기에 다리를 놓았으니 궁궐마다 금천이 있게 마련이다. 그래도 경복궁의 금천은 조금 특별하여 사람들에게 친숙하게 다가왔으니 적선동에 있는 시장 이름이 금천교 시장이다. 요즘은 떡볶이 하면 신당동 떡볶이를 꼽지만 1960년대만 해도 신당동식의 뻘건 고추장 떡볶이보다는 금천교 시장의 간장 떡볶이가 명물이었다. 그러나 힘든 근대화를 거치면서 밥상 위의 거의 모든 음식이 붉게 물든 오늘, 금천교 시장에서조차 간장 떡볶이를 파는 할머니를 찾을 수 없다.

영제교에는 산예狻猊라고 하는 상상의 동물이 조각되어 있다. 몸에는 비늘이 덥여 있고 머리에는 끝이 갈라진 뿔이 하나 달려 있는데 금천의 물을 굽어보고 있다. 산예는 벽사辟邪를 상징하는 동물이라 물을 타고 혹시 잡귀가 들어오지 않나 감시하고 있는 것이다. 중국의 자금성에 만들어 놓은 동물상을 보면 그 표정이나 모습이 매우 사나운데, 조선의 궁궐에 새겨진 동물들의 모습을 보면 그 표정이나 자세가 보는 이로 하여금 웃음을 짓게 만든다.

영제교를 건너가면 근정문이 나온다. 광화문 – 홍례문 – 근정문을 지나야 비로소 근정전이 나온다. 궁궐은 '삼문삼조三門三朝'라 하여 문 세 개를 지나도록 되어 있고, 홍례문 일대의 외조外朝는 신하들의 집무 공간인 관청이 들어서는 곳이고, 치조治朝는 왕의 공식 접견실인 정전과 일상적인 집무실인 편전을 포함한 공간이며, 가장 깊숙이 차리잡은 연조燕朝는 왕과 왕비의 침전 등 생활 공간으로 구분되어 있다. 총독부 건물이 철거되기 전에는 근정전으로 갈 때 근정문을 통하지 못하고 동쪽 행각 중간에 임시로 출입문을 만들어 구차하게 드나들어야 했는데, 이제 광화문이 복원되면 광화문 - 홍례문 - 근정문을 지나 당당하게 근정전에 이를 수 있게 될 것이다.

근정전에 이르기까지 문 세 개를 지나가야 하는데, 문 각각은 또 문 세 개로 구성되어 있다. 가운데 문은 오직 왕과 왕비를 위한 문이다. 신하들은 직분에 따라 문신은 오른쪽의 동문으로, 무신은 왼쪽의 서문으로 출입하게 된다. 근정전은 사방이 행각으로 둘러싸여 있다. 행각의 곧은 기둥이 일렬로 서 있는 모습은 질서란 이런 것이구나 하는 느낌을 줄 정도로 참으로 아름답다. 동쪽 행각의 기둥을 보고 있노라면 가운데 줄과 근정전에 가까운 안쪽 줄이 주춧돌 모양이 다르다는 것을 알 수 있다. 가운데 쪽 주춧돌은 네모난 반면에 안쪽의 주춧돌은 둥그렇게 다듬어 놓았다. 그 사이를 사람이 지나간다.

옛날 유가에서는 천원지방天圓地方이라 하여 하늘은 둥글고 땅은 네모났다고 생각했다. 하늘과 땅 사이를 사람이 다니도록 해 놓았으니 옛날 장인들은 행각 하나를 세울 때도 자연의 이치를 이렇듯 살리고자 한 모양이다. 그런데 남쪽 행각을 보면 주춧돌이 모두 둥그렇게 다듬어져 있어 이 이론이 꼭 맞는 것인가 의문이 들게 된다. 동쪽 행각과 남쪽 행각이 만나는 모서리가 근정전에서 사진이 가장 아름답게 나온다는 곳이다. 텔레비전 뉴스 등에 근정전이 비칠 때는 대개 이 부근에서 근정전의 전체 모습을 담는다.

근정전의 마당은 박석이라 하여 화강암을 거칠게 다듬어 깔아 놓았다. 화강암을 곱게 다듬지 않은 이유는 빛이 반사되어 눈이 부신 것을 막으려 한 것이라 한다. 근정전 일대의 마당 바닥은 물론 계단, 월대, 난간, 돌조각상 등 모든 것이 화강암으로 되어 있는데 햇빛이 좋은 날 거칠게 다듬은 화강암이 토해 내는 은은하고 부드러운 빛은 아름답기 그지없다. 근정전의 뜰에는 품계석이 놓여 있는데 왕이 지나가는 길의 좌우로 동반(문반)과 서반(무반)이 나뉘어 있다.

조선의 엘리트들을 양반이라 하는데 이는 동반과 서반을 합쳐서 부르는 말이다. 고려 시대에는 남쪽 행각에 도열하는 남반을 합쳐 삼반이라 했는데, 남반이란 국왕의 시종, 호종, 경비와 왕명의 전달, 전중殿中의 당직當直, 조회朝會에서의 의위儀衛 등을 맡아 보는 사람들을 일컫는 말이다. 천자의 권한이 거칠 것이 없었던 중국에서는 천자의 측근들인 환관 등의 세력이 막강해 때로 관료 조직을 압도했는데, 왕권이 상대적으로 약했던 조선에서는 환관이나 남반이 별로 힘을 쓰지 못했다.

품계석은 정1품부터 3품까지는 정과 종을 별도로 표시했지만 4품부터 9품까지는 정4품 정5품 등 정만을 표시했다. 품계석 부근에는 바닥에 커다란 쇠고리가 만들어져 있다. 답사를 진행하면서 학생들에게 이것이 무엇인지 아느냐 물어보면 사극을 잘못 본 모양인지 뭔가 고문할 때 쓰는 것 아니냐는 답이 종종 나온다. 이

쇠고리는 고문하고는 전혀 상관없고 행사를 할 때 차일을 칠 경우 차일을 묶는 도구인데 계단을 올라가면 월대에서도 볼 수 있다. 월대란 장악원 악사들이 공식 행사 때 음악을 연주하는 곳이다.

　근정전으로 올라가는 계단을 보면 가운데 왕이 다니는 길은 계단이 나 있지 않고 봉황 한 쌍이 새겨져 있다. 이것을 답도踏道라고 하는데 글 뜻은 '밟고 가는 길'이지만 왕은 이 길을 걸어가는 것이 아니라 가마를 타고 가게 되어 있다. 근정전 건물 앞에는 좌우로 향로 비슷하게 생긴, 발이 세 개 달린 큰 쇠그릇이 놓여 있다. 학생들에게 저게 무엇이냐고 물어보면 대개 향로라고 답하거나 쓰레기통이라고 말한다. 둘 다 틀린 답이다. 옛날 궁궐에서도

근정전은 조선의 국왕이
공식 행사를 했던 공간이다.

가장 격식 있는 행사를 할 때만 사용하는 이곳에 큰 쓰레기통을 둘 리도 만무하다. 또 향이란 죽은 사람을 기리기 위해 피우는 것인데 왕이 시퍼렇게 살아 있는데 향을, 그것도 저렇게 큰 그릇에다 피운다는 것은 있을 수 없는 일이다. 저 쇠그릇을 정鼎이라 부르는데, 가령 삼국지에서 세 나라가 정립했다라고 할 때 쓰는 정립이란 말도 발이 세 개 달린 정에서 유래한 것이다. 성경에 보면 칼을 쳐서 보습을 만들었다고 하는데 고대 중국에서는 전쟁이 끝나고 태평성대가 오면 병장기를 두고 솥을 만들었다는 것이다.

중국 우왕 때 천하 구주九州의 제후들이 정을 만들어 우왕께 바쳤고 이것이 대대로 중국의 천자들에게 내려오는 보물로 여겨졌다. 임금된 자의 가장 큰 임무가 백성들을 먹여 살리는 것이라는 뜻이 담긴 얘기다. 정이 있는 아래 계단의 좌우로는 '드무'라는 조금은 생소한 이름을 가진 가마솥 같은 무쇠 항아리가 놓여 있다. 이것은 쉽게 얘기해서 방화수를 담아 놓는 통인데, 화마가 근정전을 태우러 다가왔다가 드무에 비친 자신의 흉한 모습에 놀라 도망가라고 만들어 놓은 것이라고 한다.

처음 경복궁을 지었을 때는 근정전이 단층이었으나 대원군이 복원할 때 근정전을 복층으로 올렸다고 한다. 국보 제223호로 경복궁의 정전인 근정전은 글자 그대로 부지런히 백성을 다스리는 곳이라는 뜻을 갖고 있다. 세종, 단종, 세조, 성종, 중종 등이 모두 이 정전에서 즉위한 것으로 되어 있다. 근정전은 조선의 국왕이 한껏 위엄을 갖추고 공식 행사를 하는 공간인지라 경복궁 내에서도 전각의 규모가 가장 크고 또 화려한 곳이다. 그런데 한 가지 흥미 있는 점은 근정전 건물 자체에는 벽이 없다는 점이다. 기둥만이 있고 기둥과 기둥 사이는 문이거나 창문이다. 이 문과 창문도 모두 들어 올려 붙들어 맬 수 있는데 그렇게 되면 기둥만이 남게 된다.

근정전은 밖에서 볼 때는 중층 구조이지만 안에서 보면 공간이 하나로 크게 되어 있다. 옥좌 뒤에는 일월오악도를 그린 병풍이 둘러쳐져 있다. 일월오악도는 왕을 상징하는 그림으로 왕이 궁 밖에 행차할 때는 이 병풍을 가져가 왕이 머문 곳에 쳤다고 한다. 오악이란 한국 전례의 토속신앙인 산신 숭배 사상에서 나온 것으로 동악(금강산), 남악(지리산), 서악(묘향산), 북악(백두산), 중악(삼각산)을 가리킨다. 근정전의 천장 가운데에는 여의주를 갖고 놀고 있는 황룡이 조각되어 있는데 발톱은 일곱 개가 된다. 원래 조선은 제후국인지라 발톱이 다섯 개인 오조룡을 새겨야 하는데 아마 대원군이 큰맘을 먹고 칠조룡을 새긴 것이 아닌가 싶다.

근정전의 북쪽 월대를 돌아 뒤편으로 가면 사정문과 사정전이 나온다. 사정전은 흔히 편전이라 부르는데 왕이 평상시에 머물면서 정사를 보던 공식 집무실이다. 사정전의 좌우로는 만춘전과 천추전이 나란히 자리 잡고 있는데 지금은 별개의 건물로 보이지만 옛날에는 행각으로 이어져 왕이 신을 신지 않고 옮겨 갈 수 있었다고 한다.

천추전은 세종대왕이 집현전의 젊은 학자들을 불러 종종 토론을 했던 곳이라 하니 훈민정음 창제의 원대한 구상도 이곳에서 무르익었을 법하다. 사정문의 이어지는 행각은 창고로 쓰였는데,

천자문의 글자를 따와 1번 창고는 천자고天字庫, 2번 창고는 지자고地字庫, 3번 창고는 현자고玄字庫, 4번 창고는 황자고黃字庫라고 하는 식으로 이름을 붙였다. 왕의 집무실 바로 앞에 있는 창고이니 어떤 금은보화를 저장했을까. 조선은 이곳에 금은보화를 저장하지 않았다. 대신 이곳은 책판을 저장하던 곳이다. 조선이라는 나라가 무엇을 중히 여겼는지를 단적으로 보여 주는 사례가 아닐 수 없다.

연산군이 즐겨 찾았던 경회루와 중전의 침전인 교태전

근정전과 더불어 경복궁에서 가장 유명한 곳은 경회루이다. 궁궐에 연못을 파는 것은 꼭 경치만을 위한 것이 아니라 방화수를 확보하기 위한 것이기도 하다. 경회루는 중층의 누각으로 모두 48개의 기둥이 세워져 있다. 대원군 때 다시 만든 현재의 기둥은 웅장하면서 아무런 조각이 없어 매우 소박하지만, 조선 초기에는 여기에 용을 새겨 넣어 매우 화려했다고 한다. 유구(오키나와)의 사신이 조선에 왔을 때 첫손으로 꼽은 장관이 경회루 돌기둥의 용무늬였다고 한다.

역사상 이곳 경회루를 가장 잘 즐긴 이는 연산군이었다. 연산군은 연못 서쪽에 만세산을 만들고 산 위에 신선의 세계를 상징하는 갖가지 건물을 지은 뒤 기생 3천을 모아 잔치를 벌였다고 한다. 경회루 앞쪽에는 수정전이라는 40칸짜리 큰 건물이 서 있

근정전과 더불어 경복궁에서 가장 유명한 경회루이다.

다. 겉으로 보기에는 근정전이나 경회루가 더 커 보이지만 조선 시대의 전통적으로 집 크기를 재는 칸 수로 본다면 수정전이 40칸으로 제일 크다. 이곳은 세종 때는 집현전으로 쓰였던 곳이고 고종 시대에는 갑오개혁 당시의 핵심 기관인 군국기무처가 자리 잡았던 곳이기도 하다.

사정전의 뒤편에는 강녕전과 교태전이 배열되어 있다. 강녕전은 왕의 침전이고 교태전은 중전의 침전이다. 이 두 건물은 앞의 근정전이나 사정전과는 달리 지붕에 용마루가 없다. 궁궐에서 용마루가 없는 건물은 침전 등 생활공간으로 쓰이는 곳들이다. 강녕전과 교태전은 왕과 왕비의 침소이니 궁궐에서 가장 깊숙하고 소중한 공간이다. 그런데 강녕전과 교태전은, 1911년 창덕궁이 화재로 소실되자 창덕궁의 희정당과 대조전을 복원하는 데 자재로 쓴다고 멀쩡한 건물을 헐어 버렸다가 최근에 복원한 것이라 세월의 때가 느껴지지 않는다. 강녕전은 침전인 반면 교태전은 중전의 침전이자 공식 집무소인 시어소가 있던 곳이기도 하다. 중전은 단순히 의례적인 자리가 아니라 궁궐의 내명부 일들을 총괄하는 역할을 해야 했기 때문에 공적인 집무 공간이 필요했다.

교태전의 뒤로 돌아가면 후원인 아미산이 나온다. 아미산이란 원래 중국 산둥 성에 있는 유명한 산 이름인데 경회루 연못을 파낼 때 나온 흙으로 인조 동산을 만들면서 이름을 붙인 것이다. 이름만 산일 뿐, 좁고 탁 트인 맛이 없어 요즘 드라마에 나오는 재벌 집의 잘 가꾼 정원만 못해 보일지도 모른다. 이것이 조선의 국모인 중전에게 허용된 사적인 공간이다. 높은 사람이 자꾸 돌아다니는 것은 크나큰 민폐가 아닐 수 없다. 그렇다고 지위가 높다고 무한정 좁은 방구석에 처박혀 있으라 할 수도 없으니 이정도의 공간을 만들어 준 것이 아닐까 한다. 모두 3층으로 된 돌계단에 그래도 사시사철 꽃이 지지 않게 다양한 수종을 심었다. 그런데 이 인공의 동산인 아미산을 만들어 놓은 의미가 참 재미있다.

이 아미산은 백악(북악산)에 이어져 있고 백악은 북한산에 이어져 있고 북한산은 한북정맥을 통해 백두대간에 이르게 된다. 조종祖宗의 산 백두산에서 백두대간이 뻗어 내려 북악에 이르는데 그 모습이 용과 같았고, 북악산을 멀리서 보면 꼭 용의 얼굴처럼 보이기도 한다. 그 용이 나뭇가지를 물고 있는데 그게 아미산이고, 그 나뭇가지 끝에 핀 꽃이 곧 중전마마라고 한다. 역시 꿈

보물 제811호로 지정된 아미산 굴뚝이다.

왼쪽 | 자경전의 꽃담은 보물 제810호로 지정되었다.
오른쪽 | 자경전 뒷면의 십장생 무늬를 새긴 아름다운 굴뚝이다.

보다는 해몽이다.

　아미산에는 보물 제811호로 지정된 아름다운 굴뚝 네 개가 서 있다. 자경전의 굴뚝과 더불어 세상에서 가장 아름다운 굴뚝으로 꼽히는 것들이다. 육각형의 이 굴뚝에서 우리는 뜻밖에도 박쥐를 볼 수 있다. 서양식 관념의 영향으로 우리는 박쥐를, 포유동물에 붙었다 새에 붙었다 하는 간사한 성격의 동물로 보거나 뱀파이어와 붙어 다니는 불길하고 스산한 동물로 여기지만, 우리네 조상들은 박쥐를 복을 가져다주는 길조로 여겼던 것이다.

　교태전을 나서 오른편으로 돌면 자경전이 나온다. 이곳 자경전은 고종의 양모인 조대비의 침소가 있던 곳이다. 중전의 침소인 교태전에는 용마루가 없지만 이제 자식을 낳을 일이 없는 대비마마의 침소에는 용마루가 만들어져 있다. 그렇지만 여성들의 공간답게 아주 아름답게 장식된 아기자기한 문양의 꽃담이 자태를 뽐내고 있다. 이 꽃담은 보물 제810호로 지정되어 있는데 붉은색을 바탕으로 전돌로 꽃 그림을 그려 넣었고, 또 한자로 복福, 강康,

만萬, 수壽 등의 글자를 새겨 넣었다.

　자경전 마당에는 얼마 전까지 제법 큰 나무가 서 있었는데 조선 시대에는 사면이 담으로 싸인 담장 안에 나무를 심으면 괴로울 곤困자가 된다 하여 기피했다고 한다. 일제 초기에 간행된《조선고적도보》에 보면 나무가 없는데 그 후에 누군가가 심었던 것을 최근에 뽑아 버린 모양이다. 자경전의 뒤에는 십장생 무늬를 새긴 굴뚝이 벽처럼 서 있다. 세계에서 가장 아름다운 굴뚝 벽이다. 궁중의 어른인 대비의 처소답게 장수를 기원하는 십장생 무늬에다 다산을 기원하는 포도 등의 문양이 새겨져 있다.

명성황후가 참혹한 최후를 맞은 건청궁

자경전을 돌아 나가면 민속박물관이 보인다. 불국사의 백운교, 청운교, 법주사의 팔상전, 화엄사 각황전 등 한국의 대표적인 건축물 모형 다섯 개를 따다가 붙여 놓은 것으로 박정희의 지시에 의한 것이라 한다. 클레오파트라의 코와 엘리자베스 테일러의 눈과 누구의 입술 등등을 합쳐 놓으면 최고의 미인이 아니라 이상한 모습이 나오는 것과 마찬가지로 한국의 대표 건축물들이 한데 모여 부조화와 불협화음을 만들어 내고 있다. 아무리 대통령 지시였다지만 건축가들이 말릴 생각을 안 했냐고 물으니 박정희가 처음에는 대표적인 건물 모형 열 개를 세우라고 한 것을 말리고 말려서 그나마 다섯 개로 줄였다고 한다.

경복궁의 안쪽으로 더 깊숙이 들어가면 1873년에 고종이 청나라풍으로 증축한 지역이 나온다. 고종은 이곳에 연못을 파고 향원정이라는 이름의 2층 한옥 정자를 올렸다. 향원정이란 이름은 중국 송나라의 주돈이가 쓴 〈애련설愛蓮說〉이란 글에 '향원익청香遠益淸'이라 하여 향기는 멀어질수록 더욱 맑다는 데서 따온 것인데 연못에 연꽃이 많지는 않다. 이 연못가에서 1887년 고종이 잔치를 벌이며 우리나라에서 처음으로 전깃불을 켰다고 한다.

이 연못의 북서쪽 모퉁이에는 열상진원洌上眞源이라고 쓴 글씨가 있다. 한강의 옛 이름이 열수였으니 적어도 관념상으로는 한강이 이곳에서 발원했다는 뜻이 된다. 열상진원의 샘물이 흘러 향원정으로 들어가는데 여기에도 옛사람들의 예사롭지 않은 손

고종이 연못을 파고 정자를 지은 향원정

길을 느낄 수 있다. 샘물이 바로 연못으로 들어가지 않고 조그마한 수조에서 반 바퀴 돌아서 좁은 수로를 따라 연못으로 들어가게 한 것이다. 이는 풍수상으로는 서쪽에서 흘러 동쪽으로 들어간다는 명당수의 개념을 도입한 것이기도 하지만 찬물이 바로 연못으로 들어가면 연못 바닥에 가라앉아 수질 개선에 별 도움이 안 되기 때문에 약간 온도를 높여 연못 전체에 고르게 퍼지도록 하여 수질을 유지하기 위한 것이었다고 한다.

새로이 복원된 건청궁은 바로 명성황후 민씨가 일본인들에 의해 참혹한 최후를 마친 곳이다. 일제는 대한제국을 강제 병합한 뒤 바로 자신들의 범행 현장인 건청궁부터 헐고 그 자리에 물산장려관이란 건물을 지었다. 이 건물은 해방 이후 국립현대미술관이 되어 해마다 국전이 개최되었고 또 민속박물관으로 사용되기도 했다. 그러다가 경복궁 복원 계획에 의해 철거되고 다시 건청궁이 복원된 것이다. 건청궁은 여느 궁궐의 건물과는 달리 단청을 칠하지 않고 여염의 잘 지어진 한옥 모습을 띄고 있어 대궐이라기보다는 양반가의 생활 집 같은 분위기를 전해 준다.

건청궁 터에서 서쪽으로는 고종의 서재였던 집옥재가 있는데 최근에야 대중들에게 공개되었다. 이곳에는 5·16 군사 반란 이후 군부대가 주둔해 왔는데, 1979년 발생한 12·12 군사 반란 당시 전두환 일당이 모인 곳이 바로 이곳 30경비단이었다. 유신 시절에는 차지철이 이곳에 실력자를 모아 놓고 열병식과 국기 강하식을 하며 위세를 부리기도 했던 곳이다. 집옥재는 전통 한옥이 아니라 청나라풍의 건물로 고종의 이국 취향을 엿볼 수 있다.

경복궁은 조선 시대의 정궁이지만 근대의 아픈 역사를 오히려 더 많이 느낄 수 있는 곳이다. 200여 년 동안 조선의 정궁이었던 곳이 270년간 여우가 뛰노는 쑥대밭으로 남아 있었다. 대원군이 큰 뜻을 품고 경복궁을 중창했지만, 조선의 국운도, 망해 가는 나라 왕실의 운명도 이보다 더 참혹할 수는 없었다. 외세의 침략도, 왕실 내에서의 시아버지와 며느리의 갈등도 끝이 없었다. 경복궁을 다시 짓고 채 30년이 안 되어 일국의 왕비가 외국 자객들에 의

2006년에 옛 모습대로 복원된 건청궁이다. 명성황후 민씨가 일본인들에게 참혹한 최후를 맞은 곳이다.

해 궁궐 내에서 참살당했고, 신변의 위협을 느낀 왕은 대궐을 버리고 외국의 영사관으로 몸을 피했다. 고종은 왕에서 황제를 칭하며 제국을 선포했지만, 끝내 경복궁에 돌아오지 않았다. 주인을 잃은 왕궁은 무참히 헐려 나갔고, 조선총독부 건물을 헐어 낸 뒤 여기저기서 복원 작업이 한창이다. 그러나 상처 입은 역사를 치유하지는 못한 채 혹시 고건축 전문 업자들의 주머니만 채워 주고 있는 것은 아닐까?

역사적 현장은
오늘을 비추는 거울이 되고
독립공원과 서대문형무소 역사관

지금은 사람들이 중국에 갈 때, 대부분 인천공항을 통해서 가고 배를 이용할 경우에는 인천부두에서 페리를 타고 다롄 등지로 가지만 조선 시대에는 육로를 이용했다. 한양에서 중국으로 가려면 서대문을 지나 무악재를 넘어 의주로 길을 떠나야 했다. 중국에서 사신이 올 때도 마찬가지였다. 중국의 제후국이었던 조선은 의주까지 지금의 차관급인 2품 고위 관료를 원접사로 보내고, 사신이 무악재를 넘어 서대문 인근에 당도하면 왕이 직접 나가 사신을 영접했다. 이때 사신을 맞이하던 곳을 모화관慕華館이라고 했는데, 중국을 사모한다는 뜻이 담겨 있다. 모화관 앞 큰길에는 영은문迎恩門이 서 있었는데 황제의 은혜를 맞이한다는 뜻이다. 이 영은문이 서 있던 자리에 1897년 독립협회가 독립문을 세웠다. 청나라가 힘이 강할 때 세웠으면 더 좋았으련만, 청이 청일전쟁에서 패한 다음에야 영은문을 허물고 그 자리에 프랑스의 개선문 모양을 본떠 독립문을 세운 것이다.

기구한 운명의 독립문

독립공원과 서대문형무소 역사관 답사를 할 때면 나는 독립문에 학생들을 모이게 한 뒤, 학생들에게 독립문을 유심히 보면서 한 바퀴 돌아보라고 한다. 지지리도 눈썰미 없는 친구들은 앞뒤가 똑같다고 하지만 학생들 대부분은 독립문이라는 글씨가 하나는 한자로, 또 하나는 한글로 쓰여 있다는 사실을 금방 찾아낸다. 중국 사신이 오는 길은 홍제동 쪽에서 보면 한자로, 서대문 쪽에서 보면 한글로 쓰여 있다. 이 글씨를 누가 썼느냐를 두고 한동안 논란이 있었다. 윤덕한 씨가 쓴 《이완용 평전》에서는 동아일보 기사 등을 근거로 독립문의 편액이 이완용이 쓴 것이라고 주장했다. 이완용은 친일 매국노의 첫손가락에 꼽히는 자이지만, 독립협회 당시에는 나름 개혁 관료로서 독립협회 위원장을 지냈다.

1896년 11월 독립문 기공식 당시 이완용은 "독립을 하면 미국과 같이 부강한 나라가 될 것이요. 조선 인민이 합심을 못하여 서로 싸우고 해하려고 하면, 구라파에 있는 폴란드 모양으로 모두 찢겨 남의 종이 될 터이다"라고 연설한 바 있다. 지금이야 이완용의 글씨를 높이 치지 않지만, 그의 살아생전에는 당대의 명필로도 이름이 높았다. 독립협회의 위원장이요, 당대의 명필이었으니 그가 당연히 글씨를 쓰지 않았겠나 하는 추측이 번진 것 같지만, 내가 볼 때 굵고 힘 있는 독립문의 글씨체는 가늘고 예쁜 이완용의 필체와는 많이 다르다.

독립문의 편액은 이완용이 쓴 것이 아니라 3·1운동 직후 중국

으로 망명한 동농 김가진 선생이 쓴 것이 확실하다. 김가진은 독립협회의 위원으로 역시 당대의 명필로 이름이 높았으며, 대한협회의 회장을 지냈다. 대한제국의 농상공대신이었던 그는 일제가 한국을 강제로 병합한 뒤 남작 작위를 받았으나, 3·1운동 직후 고종의 둘째 아들 의친왕 이강을 중국에 망명시키려 했다. 불행히도 의친왕이 중국 단동에서 일본 경찰에게 발각되어 국내로 호송되었지만 김가진은 상해로 망명하여 그곳에서 사망했다. 김가진은 한말에 비원을 증축할 때 궐내의 현판을 도맡아 썼는데, 독립문의 편액 글씨는 척 보기에도 굵고 힘 있는 김가진의 글씨임이 분명하다. 김가진의 집안에도 독립문의 글씨는 김가진이 썼다는 이야기가 전해져 온다.

원래 문은 길 위에 서 있게 마련이다. 그런데 지금 독립문은 길에서 벗어나 있다. 너무나 정신없이 진행된 한국의 근대화, 도시화 때문에 제자리를 잃어버린 것이 한둘이 아니지만 독립문 역시 그러한 사연을 지니고 원래 있던 자리인 길 한복판에서 70미터쯤 옮겨 서 있다. 독립문이 원래 서 있던 자리 위로는 고가도로가 지나가고 있다. 이 고가도로는 사직터널과 금화터널을 잇는 도로인데, 이 길이 준공된 것은 1979년, 그러니까 박정희가 죽던 해였다. 1975년 남베트남 정권이 무너지는 등 국제 정세가 긴박하게 돌아가자 박정희는 최악의 사태에 대비할 필요를 느꼈다. 그는 청와대에서 김포공항까지 만약의 경우 최단 시간에 달릴 수 있는 길을 놓고자 했고, 그 때문에 청와대-금화터널-성산대교-김포공항을 잇는 길이 뚫리게 되었다. 이 때문에 고가도로가 바로 독립문의 머리 위로 지나가게 되어 영 모양이 우습게 되었기에 독립문이 원래의 위치를 떠나게 된 것이다. 그런데 정작 박정희는 청와대 코앞에 있는 궁정동 중앙정보부 안가에서 최측근인 김재규에게 사살당했다. 사람의 운명도 기구하고, 문화재의 운명도 또한 기구하기 짝이 없다.

역사의 흐름과 달리한 독립운동가들

독립문을 뒤로하고 서대문형무소를 향해 몇 발짝 떼면 손에 무언가를 움켜 쥔 남자의 동상이 서 있다. 독립신문의 창간자로 이름 높은 서재필의 동상으로, 그가 손에 들고 있는 것은 바로 독립신문이다. 지금이야 모든 신문이 한글 전용을 하고 있지만, 불과 20여 년 전인 1988년 한겨레신문이 처음으로 가로쓰기와 한글 전용을 했을 때, 많은 지식인들이 어째 아마추어들이 만든 대학 학보 같다고 흉을 보았다. 그런데 독립신문은 지금으로부터 110여 년 전에 과감하게 한글 전용을 단행한 것이다. 이때 독립신문 한글판 제작에 깊게 관여한 분이 주시경 선생이었으며, 독립신문의 과감한 실험은 한글의 발전에서 세종대왕의 한글 창제 이후 최대의 사건이라 해도 과언이 아니다.

서재필은 바로 이 독립신문의 사주였다. 독립신문은 비록 조선 정부가 돈을 내어 만든 신문이지만 서재필, 아니 미국 시민 필립 제이슨은 이 신문을 자신의 개인 명의로 등록했다. 잘 알려진 것처럼 서재필은 갑신정변의 주역 중 한 사람이었다. 갑신정변이 3일 천하로 끝난 뒤 서재필은 미국으로 망명하여 고등학교를 마치고 의과대학에 진학하여 의사가 되었다. 갑신정변이 실패한 뒤 그 주역들의 집안은 그야말로 멸문지화를 당했고 김옥균, 박영효, 서광범 - 서재필 등의 집안에서는 돌림자마저 그대로 두지 않고 서광범의 광光자 항렬은 병丙으로, 서재필의 재載자 항렬은 정廷으로 각각 바꾸는 일까지 있었다. 그러다가 10여 년의 세월이 흐른 뒤 갑신정변의 주역들에 대한 역모 죄가 사면되고 박영효, 유길준 등 지난날의 동지들이 정권을 장악하자 서재필도 오래간만에 귀국을 모색했다.

갑신정변 당시 갓 스물 어린 나이에 일약 병조참판에 임명

서재필이 움켜쥐고 있는 것이 독립신문이다.

되었던 서재필은 이제 미국 시민이 되어 귀국했다. 그는 고종을 배알하는 자리에서도 자신을 외신外臣이라 칭하며 조선의 백성이 아니라 미국 시민임을 분명히 했다. 그는 고종 앞에서 뒷짐을 지고, 담배를 피고, 안경을 끼었다. 그로서는 민주국가에서 국가 원수와 시민 사이의 평등을 보여 주고 싶었는지 모르지만, 이 때문에 그가, 아니 신문물을 도입하려던 한국의 개화 세력이 치러야 했던 대가는 너무나 컸다. 사람들은 서재필의 태도를 민주주의의 원칙 문제로보다는 싸가지 문제로 받아들였던 것이다. 특히 서재필은 미국의 경험을 앞세우며 조선의 원로 대신들을 무시하는 일이 많았기에 문제는 더 불거지곤 했다. 서재필은 완전히 미국 시민이 되어 마늘과 김치를 먹는 조선 사람을 천히 여기는 등 조선인으로서의 정체성을 모두 내던지고 철두철미 미국중심주의자가 되었다.

독립신문을 창간한 것은 서재필이지만 학계에서는 서재필과 독립신문을 구별해 보아야 한다는 의견도 만만찮다. 독립신문은 하나의 신문이 아니라 한글판과 영문판 두 종류의 서로 다른 신문이었다. 한글판은 자주 독립의 기상이 보이지만, 영문판의 경우 제국주의 일반에 대한 반대가 아니라 러시아에 대한 반대에만 국한되어 있다. 처음 서재필에게 독립신문을 허가했던 조선 정부 내에서 친러파가 득세하면서 서재필의 입지는 좁아졌다.

정부의 압박과 간섭이 심해지자 서재필은 독립신문이 거의 전적으로 정부의 출자로 이루어졌음에도 불구하고 이 신문이 자신의 명의로 등록되었다는 이유로 독립신문을 일본에 팔아넘기려

했다. 그러나 가격이 맞지 않아 일본으로의 매각이 실패하자 서재필은 독립신문을 조선 정부에 팔아넘기고 자신은 총리대신 봉급과 맞먹는 월급의 10년 치를 챙기고 미국으로 돌아갔다. 서재필에 대한 평가는 보는 관점에 따라 매우 다를 수 있지만, 독립신문이 우리 근현대사에 미친 영향만큼은 누구도 낮게 평가할 수 없을 것이다.

  서재필 동상에서 몇 십 미터를 올라가면 크고 까만 돌에 새긴 3·1독립선언문이 나온다. 서대문형무소가 이전하면서 그 부지의 상당 부분을 독립공원으로 삼으면서 현장의 역사성과는 깊은 관련이 없는 독립선언문을 새겨 놓았다. 굳이 연관을 따진다면 이 선언에 서명한 33인 중 다수가 서대문형무소를 거쳐 갔다는 정도이리라. 독립선언문을 기초한 사람은 최남선이었다. 독립협회 위원장이 이완용이었고, 주요 간부 중 다수가 뒤에 친일파가 되었던 것처럼 기미독립선언문을 기초한 최남선이나 이 문건에 서명

3·1독립선언문

한 이른바 민족 대표 33인 중에 뒤가 좋지 않았던 사람들이 적지 않았다. 우리의 독립운동은 지속적으로 발전해 왔지만, 독립운동에 발을 담갔던 모든 사람이 역사가 흘러가는 도도한 흐름을 같이 타고 흘러간 것은 아니다.

독립공원 안에 자리 잡은 큰 기와집은 독립관이라는 한글 현판이 붙어 있다. 원래는 모화관으로 현 위치에서 동남쪽으로 약 350미터 떨어진 곳에 있었다고 한다. 독립협회가 만들어지면서 모화관을 독립관으로 사용했다가 일제가 철거한 것을 독립공원을 조성하면서 현 위치에 복원하여 순국선열들의 위패 봉안과 전시실로 이용하고 있다. 2006년 서울시, 여성부, 그리고 일본군 '위안부' 문제 해결을 위해 노력해 온 시민 단체들은 '전쟁과여

일제가 철거한 독립관은 독립공원을 조성하면서 현 위치에 복원되었고 순국선열들의 위패 봉안과 전시실로 이용하고 있다.

성인권박물관'의 부지를 서대문형무소 공원 내 매점 자리로 확정했다. 그러나 광복회 등 민족운동 관련 단체들이 '순국선열'들의 혼을 모신 성스러운 공간에 일본군 '위안부' 문제를 중심 주제로 하는 '전쟁과여성인권박물관'을 세우는 것은 "우리 민족이 적극적인 항일 투쟁보다 일제에 의해 수난만 당한 민족"이라는 "왜곡된 역사 인식"을 젊은 세대에게 주입시킬 우려가 있다는 터무니없는 이유로 반대하고 나서서 일이 진척되지 못하고 있다. 수난당하는 동포들이 없으면 '순국선열'들이 무엇 때문에 풍찬노숙하며 독립운동을 했을까? 수난당하는 동포들과 함께했을 때 독립운동은 발전했고, 동포들을 떠나 운동가들이 자기들끼리만 지지고 볶을 때 독립운동은 쇠락의 길을 면치 못했었다.

일제강점기, "발깨나 하는 놈"은 모두 감옥으로

이런 씁쓸한 마음을 담고 서대문형무소 앞으로 가 본다. 우선 높다란 망루가 눈길을 끈다. 망루! 용산 참사 때문에 갑자기 우리에게 다가온 말, 망루. 힘 없는 사람들이 망루에 오른다. 힘센 자들이 쉽게 다가오지 못하게……. 그러나 서대문형무소의 망루는 의미가 다르다. '범법자'들을 가두어 놓고 그들이 어떤 짓을 하나 일거수일투족을 감시하는 곳이 망루다.

　조선 시대에도 물론 감옥은 있었다. 지금의 영풍문고 근처인 서린방에 전옥서 감옥이 있었다. 그런데 전근대 시대에는 신체의 자유를 구속하는 '자유형'이라는 형벌 개념이 정립되지 않았다. 그렇기 때문에 오늘날의 징역형에 해당하는 형벌은 없었다고 해도 과언이 아니다. 요컨대 오늘의 유치장이나 구치소처럼 수사나 재판 절차를 밟고 있는 피의자를 가두어 놓는 곳이 전근대의 감옥이었다.

1908년에 경성감옥이라는 이름으로 건립된 서대문형무소는 과거의 전옥서와는 규모 면에서 비교가 되지 않았다. 대한제국을 거의 집어삼킨 일제는 일본에 맞서는 의병을 탄압하기 위해 서대문형무소를 만들었다. 초기 서대문형무소를 메운 사람들은 대개 의병에 가담하거나 크고 작은 반일 활동을 벌인 지사들이었다.

실제로 1908년의 전국 수감자 수는 2천여 명으로 급격히 늘어났고, 이듬해에는 6천 명을 넘어섰으며, 1918년에는 1만 1천여 명, 3·1운동이 일어난 1919년에는 1만 5천 명을 넘어섰다. 광복군 아리랑의 노래 가사처럼 "말깨나 하는 놈 감옥소 간다"는 시대가 열린 것이다. 일제는 이렇게 급증하는 수감자들을 수용하기 위해 경성감옥을 시발로 전국에 거의 매년 새로운 교도소를 건설했다.

서대문형무소가 들어선 자리는 까딱했으면 조선왕조의 도읍이 들어섰을지도 모르는 곳이었다. 지금이야 경복궁도, 왕십리도, 무악재도, 신촌도 모두 서울의 한복판이지만 600년 전의 지리 감각으로는 전혀 딴 고을이었다. 전설에 따르면 무학대사가 조선왕조의 새 도읍을 찾으러 다닐 때, 이곳이 금계포란金鷄抱卵형의 명당이라 탐을 냈는데, 3천 명의 홀아비가 탄식하는 모습이 떠올라

이곳을 포기했다고 한다. 무학대사가 600년 후 이곳에 감옥이 들어설 것을 알았던 것일까? 그런데 그때 무학대사가 이곳을 조선왕조의 도읍지로 정했다면 서대문형무소는 없었을 것이다. 아무리 일제라도 궁궐을 헐어 그 자리에 형무소를 짓지는 않았을 테니까.

서대문형무소의 망루는 1923년에 지어진 것으로 당시에는 여기가 정문이었지만, 그 후 구금 시설의 규모가 확장되는 바람에 독립공원을 포함한 지금의 큰길가까지가 모두 서울구치소의 영역이 되었다. 지금은 매표소가 된 망루 옆의 쪽문을 들어서면 왼편에 정체불명의 건물이 나온다. 이곳은 여성 수감자들을 가두던 여사가 있던 곳인데 유관순 열사가 순국한 지하 감옥도 이곳에 복원되어 있다.

일제는 1916년에 여사를 신축했다가 1934년 옥사를 고쳐 지으면서 지하 감옥을 매립했는데 1992년 독립공원을 조성할 때 발굴, 복원된 것이다. 그런데 이 여사 위에 지어 놓은 누각이 도대체

왼쪽 | 유관순 열사가 순국한 지하 감옥이 복원되어 있다.   오른쪽 | 2층 구조의 감방 복도

어떤 형식인지 알 수가 없다. 한국의 전통적인 한옥 양식은 아니고, 일본풍이 짙게 배어 나오는데 누가 어떤 이유로 이런 어울리지 않는 집을 지었는지 아무런 설명이 없다.

서대문형무소 역사관의 치명적인 결함

의병들을 잡아 가두기 위해 1908년 처음 문을 연 경성감옥은 그 후 서대문감옥, 서대문형무소, 경성형무소, 서울형무소, 서울교도소, 서울구치소 등으로 그 이름이 바뀌면서 1987년 11월 서울구치소가 의왕으로 이전할 때까지 약 80년간 한국을 대표하는 구금 시설로 기능해 왔다. 그 후 이 일대에는 1992년 서대문 독립공원이 조성되었고, 1998년에는 서대문형무소 역사관이 문을 열어 많은 관람객들을 맞고 있다. 역사관은 옛날 보안과 청사 건물을 새롭게 단장한 것인데, 1층 '추모의 장'에는 영상실, 기획전시실, 안내실이, 2층 '역사의 장'에는 민족저항실, 형무소역사실, 옥중생활실이, 지하 1층 '체험의 장'에는 임시구금실과 고문실 등이 만들어져 있다.

　서대문형무소 역사관은 교통이 편리하고, 옛 건물을 그대로 전시 공간으로 활용하고 있기 때문에 어린 학생들이라도 비교적 쉽게 역사적 의미를 느낄 수 있어 많은 관람객들이 찾는 곳이다. 전시의 내용도 하나하나를 놓고 보면 비교적 충실하고 역사적 사실을 잘 설명하고 있다. 그러나 이곳은 훌륭한 현장 학습의 장이 되기에는 몇 가지 치명적인 결함을 안고 있다.

　첫 번째 결함은 이곳이 왜 일본 제국주의가 고약한 것인지 학생들이 스스로 느끼게 하기보다는 맹목적인 반일 감정을 키우는 데 머물고 있다는 점이다. 물론 서대문형무소 역사관이 일제 통치의 잔혹상을 고발하고 있는 것은 한국적인 분위기에서 당연한 것이다. 서대문감옥을 거친 애국지사가 4만여 명이고, 또 이강년, 허위, 이인영 등의 의병장과 강우규, 송학선 등 의열 투사들, 유관순 등 3·1운동의 선봉에 선 투사들, 김동삼 등 독립군 지도자들 등 모두 400여 분의 독립운동가들이 이곳에서 옥사하거나 처형되었으니, 일제 통치의 잔혹함을 고발하는 데에 서대문형무

1923년에 지어진 서대문형무소의 망루는 '범법자'들을 가두어 놓고 그들을 감시하는 역할을 했다.

소보다 더 적절한 현장을 찾기도 어려울 것이다.

그런데 서대문형무소 역사관이 일제가 행한 고문을 보여 주는 방식은 매우 많은 문제를 안고 있다. 지금은 지하의 고문실의 벽을 새로 칠하여 낙서가 대부분 지워졌지만, 과거에 보면 초등학생이나 중학생 관람객들이 일본에 대해 온갖 쌍욕을 다 써 놓았다. 특히 독도 문제나 역사 문제로 일본 정치인의 망언이 나오기라도 하면 빽빽하게 쓰인 낙서 옆으로 훨씬 심한 낙서가 새로 추가되곤 했다. 물론 잔인한 고문을 자행한 일본 제국주의는 매우 나쁘다. 민족 해방 운동사를 전공한 사람으로서 일제를 비호할 생각은 추호도 없다. 그런데 자라나는 학생들이 고문 장면을 보고 난 뒤에 느끼는 감정은 민족 감정에 의존한 협소한 반일 감정이 아니라 보편적 인권을 존중하는 마음이어야 하지 않을까? 학생들이 써 놓은 낙서를 보면 반일 의식은 넘쳤을지언정 반고문 인권 의식은 찾아보기 어려웠다.

서대문형무소 역사관 당국은 최근 과거에 공장으로 쓰이던 공작사 건물을 리모델링하여 체험관으로 만들었는데, 이곳에서는 손톱 찌르기 고문, 상자 고문, 전기 고문 등을 체험해 볼 수 있도록 했다. 보안과 건물 지하의 고문실과 공작사 건물 등 서대문형무소 역사관은 두 개 층에 걸쳐 일제가 행한 고문을 고발하고 있다. 그런데 서대문형무소 역사관의 고문에 대한 전시는 아무 설명 없이 고문 장면만 보여 주고 있지 누가 어떤 사람들을 왜 고문했는지, 고문을 당한 사람들은 어떤 고통과 상처를 안고 살아가게 되고, 또 매우 드물지만 어떻게 고문에 맞서 싸웠는지를 보여 주지는 않는다.

　고문 피해자의 목소리를 들을 수 없는 고문에 대한 전시는 '엽기' 이상의 의미를 갖기 어렵다. 서대문형무소 역사관이 진정으로 고문 문제를 다루려 한다면 흥미 위주가 아니라, 편협한 반일 감정에 기대어서가 아니라 고문에 대한 원칙적인 반대의 입장에서 일제 시기만이 아니라 해방 후까지 망라하는 '반고문 인권 박물관'을 꾸려야 한다.

　서대문형무소 역사관의 전시가 갖는 또 다른 결함은 역사가 1945년에서 멈춰 섰다는 점이다. 이곳은 한국 사회가 민주화의 첫발을 뗀 1987년까지 한국의 대표적인 교도소로 기능했다. 특히 서울지방검찰청과 대검찰청, 그리고 대법원과 서울고등법원 소재지에 가깝게 위치하다 보니 서대문은 한국 현대사의 주요 수감자들이 모두 거쳐 가는 곳이 되었다. 진보당 사건의 조봉암, 민족일보 사건의 조용수, 그리고 인혁당 재건위 사건의 무고한 넋 여덟 명, 박정희를 사살한 김재규와 그의 부하들을 비롯하여 사형

왼쪽 | 고문 체험관　오른쪽 | 사형장 모형

수들도 이곳에서 많이 처형되었다.

보안과 건물의 스산한 지하실에 전시된 각종 고문 도구와 고문 방식은 불과 10여 년 전까지 이 땅에서 '고문기술자'라는 희한한 직업에 종사한 사람들에 의해 더 정교하고 악랄한 방식으로 '진화'를 거듭했다. 일제강점기에는 오래 징역을 산 분도 17~18년을 넘지 않았고, 세계에서 제일 유명한 장기수 넬슨 만델라도 '겨우' 27년을 감옥에서 보냈는데, 대한민국의 비전향 장기수 중에는 최고 45년까지 징역을 산 분도 있다.

어떤 의미에서 대한민국의 감옥은 일제의 감옥에 비해 더 힘든 곳이었는지도 모른다. 오죽하면 시인 김남주가 "아, 그랬었구나/로마를 약탈한 민족들도/약탈에 저항한 사람들을 감옥에 처넣기는 했으되/펜과 종이는 약탈하지 않았구나 그래서/보에티우스 같은 이는 감옥에서/《철학의 위안》을 쓰게 되었구나"라고 한탄했을까.

캄캄한 중세 암흑기에도 감옥에는 불이 켜져 있어 마르코 폴로는 《동방견문록》을 쓰고, 세르반테스는 《돈키호테》를 썼다. 전제군주 차르 체제하의 러시아에서도 시인과 소설가에게서 펜과 종이만은 빼앗아 가지 않아 체르니셰프스키는 《무엇을 할 것인가》를 썼고, 일제강점기에도 일제가 우리말 우리 성까지 빼앗아 갔지만, 감옥에서 펜과 종이만은 빼앗아 가지 않아 신채호는 《조선상고사》를 썼고, 홍명희는 《임꺽정》을 썼다. 그래서 김남주는 "펜도 없고 종이도 없는 자유 대한에서 그 감옥에서 살기보다는" 차라리 고대의 노예로, 중세 농노로, 일제 치하에 다시 태어나고 싶다고 절규할 수밖에 없었던 것이다.

　이 절규는 빈말이 아니었다. "한 나라의 대통령이라는 자가/외적의 앞잡이이고 수천 동포의/학살자일 때 양심 있는 사람이/있어야 할 곳은 전선이다 무덤이다 감옥이다"라고 외쳤던 시인 김남주의 작품 대부분은 옥중시였다. "펜도 없고 종이도 없는 자유 대한"의 감옥에서 김남주는 우유 팩을 펴서 마련한 종이에 나뭇가지나 못 조각, 손톱으로 꾹꾹 눌러 가며 시를 썼다.

옛 사형장이 던지는 화두

보안과 건물 바로 뒤에는 중앙사가 있고, 중앙사와 부채꼴 형태로 연결된 제10, 11, 12옥사가 남아 있다. 이들 옥사의 구조는 바로 푸코가 얘기하는 파놉티콘이라는 근대 감옥의 건축 양식을 그대로 재현한 것이다. 파놉티콘 방식의 감옥 구조는 영국의 공리주의 사상가 벤담이 처음 제안한 것인데, 모든 수형자들은 서로 차단된 채 고립되어 있고 중앙의 감시탑에서는 한눈에 모든 수형자들을 돌아볼 수 있는 방사형 구조를 특징으로 한다.

　의회 제도의 개혁을 주창한 정치적 자유 확대의 옹호자였던 벤담은 한편으로는 보다 '잘' 처벌하기 위한 근대적 감옥 제도의 고안자이기도 했다. 근대라는 사회는 사회의 기본 질서를 유지하고, 근대가 요구하는 새로운 인간형을 만들기 위해 근대의 특징을 담뿍 담은 몇 개의 조직을 만들어 냈다. 학교와 군대와 공장과

왼쪽 | 재판장 모형   오른쪽 | 부채꼴 감방

감옥과 정신병원이 그 대표적인 것이다.

물론 전근대 시대에도 학교와 군대와 감옥은 있었다. 그러나 그 기능은 매우 달랐다. 학교와 군대를 통해 규율을 지키는 근대 국가의 성원들은 공장에서 훌륭한 노동자로 기능하게 된다. 공장, 나아가 사회가 요구하는 규율을 어기는 자는 감옥에 보내져 '교화'를 거쳐 사회로 복귀한다. 통상적인 교화가 불가능할 정도의 일탈 행위는 정신병원으로 보내져 사회와 격리된다. 이런 전체적인 기능에서 감옥은 가장 엄격한 규율이 적용되는 곳이다.

푸코는 감옥을 '관대함이 없는 학교이자 더 엄격한 병영'에 비유하면서 중세의 감옥과 뚜렷이 구별되는 근대의 감옥이 보여 주는 특징을 잘 잡아내었다. 그에 따르면 감옥은 "근대화를 추진하는 과정에서 새로운 질서에 대한 일반 대중의 복종을 끌어내고, 규율을 부여하는 과정을 가장 극적으로 보여 주는 장소"였다. 이른바 '비생산적인 집단'을 통제하고 복종을 잘하면서도 생산적인 노동력을 키워 내는 문제는 자본주의가 발전하면서 핵심적 과제로 등장했다.

　봉건제가 붕괴하면서 자본가나 그들의 이해를 대변하는 국가기구의 주된 관심사 중 하나는 근대적인 노동 규율에 적응하지 못하는 부랑자와 빈민층을 근면하고 복종적이면서 근대적인 인간으로 개조하는 일이었다. 지속적인 감시, 통제, 훈련, 교육을 통해 인간을 통제하는 근대적 지배 양식은 국가가 통제 대상이 되는 사람들의 시간과 공간을 전적으로 자신의 의도대로 관리하는 감옥을 통해 가장 집약적으로 드러난다. 이와 같은 근대 감옥의 특징은 일본 제국주의의 이민족 지배나 대한민국 아래의 동족 지배에서 변함없이 관철되었다.

　일제강점기의 감옥이나 군대의 구금 시설을 보면 일과 생활은 인체의 리듬과는 상관없이 세세하게 시간별로 규정되어 있었다. 또 군대 영창의 '정좌'처럼 수형자의 위치와 동작 역시 감시자의 편의를 위해, 그리고 수형자들이 언제나 통제를 받고 있다는 느낌을 거듭 확인하도록 표준화된 동작을 따라야 했다.

　교정사矯正史나 행형사行刑史 관련 자료를 보다 보면 일본 제국주의나 군사독재 정권 시절의 한국 정부나 공통점이 있다. 양자는 각각 자기네가 만든 감옥이 마치 야만에서 문명으로 진화의 길을 밟은 것인 양 내세운다. 일제에 따르면 일제의 근대적인 감옥 제도의 도입으로 비로소 조선왕조의 야만적인 감옥 제도가 종식되었고, 한국 정부에 따르면 일제강점기의 야만적인 행형 제도는 대한민국 정부 수립 이후 크게 개선되었다는 것이다.

　그러나 김남주의 탄식만이 아니라 대한민국 초대 대통령 이승만의 옥중 생활 경험을 들어 보면 이런 교정 근대화 논리에 시비를 걸고 싶은 마음이 불끈불끈 일어난다. 고종 황제의 폐위를 꾀한 대역 죄인으로 투옥 중에 무기를 소지한 채 탈옥하려다 미수에 그친 중죄인 중 중죄인인 이승만은 서대문형무소의 전신인 한성감옥에서 20대의 절반이 넘는 5년 7개월이라는 기간을 보낸 장기수였다.

물론 이승만이 처음 투옥되었을 당시 한성감옥의 처지는 매우 열악했다. 이승만과 비슷한 시기에 한성감옥에 투옥된 일본육군사관학교 출신의 김형섭이 남긴 회고록을 보면 15인 정원의 감옥에 50명이 넘는 인원을 가두어 사람들이 "마치 바구니 속에 서로 겹쳐 밀치락달치락하는 미꾸라지들" 같았다고 한다. 이런 감옥에서 이승만도 처음에는 무척 고생을 했지만, 그의 감옥 생활은 1900년 2월 김영선이라는 개명 관료가 한성감옥의 서장으로 부임한 뒤 판이하게 달라졌다.

김영선은 교도 행정의 전반을 크게 개선했지만, 이승만에게는 믿어지지 않을 정도의 파격적인 특혜를 베풀었다. 이승만은 옥중에서 책 10여 권을 번역 내지 저술하고 신문과 잡지에 논설 80여 편을 집필, 기고했으며 도서관까지 운영했다고 한다. 이승만의 평전을 쓴 어느 학자는 그의 감옥 생활은 '대학 이상의 대학'이었다고 결론지었다. 자신이 감옥 덕을 너무 많이 본 탓일까? 이승만은 자기가 잡아 가둔 정치범들에게 이런 호사를 결코 허용하지 않았다.

나는 미국 유학을 마치고 돌아온 뒤 비전향 장기수 선생님들을 집중적으로 인터뷰한 적이 있다. 이 인터뷰는 2000년 6·15남북공동선언으로 이분들이 갑자기 북송되면서 중단되었는데, 그때 이들 장기수들로부터 1950년대와 1960년대의 배곯던 시절 이야기며 1970년대의 혹독한 강제 전향 공작 이야기를 원 없이 들을 수 있었다. 물론 이분들은 감옥 중의 감옥이라 할 수 있는 특별사동에서 가장 열악한 처우를 받으며 생활했다. 이 점을 감안한다 하더라도 이분들이 들려주는 생생한 이야기는 내가 독립운동가들로부터 직접 듣거나 회고록을 통해 알고 있는 1930~40년대 일제강점기 감옥의 현실보다 더 배고프고, 더 춥고, 더 힘들고, 훨씬 더 끔찍했다.

체험관을 뒤로하고 나오면 서대문형무소에서 처형당하거나 옥사한 독립투사들의 위령탑이 서 있다. 독립투사들의 위령탑이 서대문형무소 구내에 세워진다는 것은 당연한 일이다. 그러나 불행하게도 이 탑은 반쪽짜리이다. 이곳에서 혹독한 고문을 받으며 숨져 간 사람들 중에는 사회주의자들도 많이 있건만, 이들의 이름은 찾을 수 없다. 조봉암이나 유신 정권에 의해 조작된 인혁당재건위 사건으로 처형된 도예종 등 통일 투사 여덟 명의 이름을 찾을 수 없는 것은 물론이다.

위령탑을 지나면 사형장이 나온다. 사형장 밖과 안에는 같은 해에 심었다는 미루나무가 한 그루씩 서 있는데 도저히 같은 해에 심었다는 것이 믿기지 않을 정도로 크기가 다르다. 안에 있는 나무는 사형수들의 피맺힌 한 때문에 잘 자라지 못했다는 것이다. 드라마 〈모래시계〉의 명대사 "나 떨고 있니?"를 떠올리며 이

이곳 사형장은 지나간 역사의 현장이 아니라 오늘 우리에게 사형이라는 무거운 문제를 던져 주는 곳이다.

곳에 걸어 들어와 들것에 실려 나간 수많은 사람들의 마지막 순간을 떠올려 본다.

따지고 보면 모든 역사의 현장이 그렇지만, 이곳 사형장은 지나간 역사의 현장이 아니라 오늘 우리에게 사형이라는 무거운 문제를 던져 주는 곳이다. 민주 정권 10년을 보내며 그나마 잘한 일이라고는 국가가 사형을 집행하지 않은 것이었는데, 용산에서 죽지 않았어야 할 여섯 명의 목숨이 경찰국가가 속도전으로 치른 강제 진압 과정에서 스러진 뒤, 연쇄살인범들에 대한 사형을 집행하자는 목소리가 집권 세력 내부에서 터져 나오고 있다. 그렇게 죽이고 싶을까……

사형 폐지 운동에 앞장섰던 어느 목사님 한 분은 어떤 이유로도 사형을 집행해서는 안 된다는 이유로 범죄를 저지른 사람과 사형을 당하는 사람이 완전히 딴사람이라는 점을 들었다. 아무리 몹쓸 짓을 범한 사람이라 하여도 이미 과거를 뉘우치고 전혀 다른 사람이 되어 있다면 그를 죽일 권리는 누구에게도 없다는 것이다.

사형장 뒤편의 쪽문은 들어오는 문과는 높이가 다르다. 들어오는 문은 걸어 들어오니 사람 키만큼의 높이가 되지만, 뒤편의 쪽문은 시신을 운반하는 문인지라 들것을 들면 자연히 어깨가 수그러지게 되어 있어 그만큼 문을 낮게 내었다는 것이다. 이것이 배려일까, 과학일까? 사형장의 어두운 마음이 더욱 어두워진다.

풀뿌리 하나에도 역사가 숨 쉰다
강화도

흔히 한국을 가리켜 전 국토가 박물관이라고 그런다. 이 땅 어디를 가든지 문화 유적이 있지 않은 곳이 없기 때문이다. 그런 한국에서 가장 문화 유적이 밀집되어 있는 곳이 바로 강화도다. 강화도에 널려 있는 작은 돌 하나 풀뿌리 하나에 역사의 숨결이 머물지 않은 곳이 없다. 온 국토가 박물관인 나라에서 단군에서 현대에 이르는 긴 역사를 농축해서 보여 주는 박물관이 바로 강화도이고, 강화도의 역사를 또 농축해 놓은 곳이 강화역사관이다. 강화대교를 건너면 바로 왼편에 있는 강화역사관, 이곳은 강화도 답사를 떠나는 사람들이 모두 출발점으로 삼을 만한 곳이다.

강화역사관, 강화도 역사를 한눈에

강화역사관은 강화도의 긴 역사를 비교적 깔끔하게 정리해서 보여 주고 있는데, 여기서 눈길을 끄는 것은 해안가에서 성을 쌓고 있는 장면을 재현해 놓은 '강화외성 쌓는 모형'이다. 그 장면도 생생하지만 옆에 붙여 놓은 성 쌓기 노래가 눈길을 끈다. 19세기 중엽 이후 이양선이 출몰할 무렵에 만들어진 노래인데 가사가 참으로 눈물겹다.

'장가든지 삼일만에 / 성부역엘 나왔드니 / 몇십삭이 되었는지 / 자식놈이 찾아왔네 / 아비옷을 걸머지구 / 찾아와서 하는말이 / 우리 아빌 찾아주소 / 감독양반 하는말이 / 눈시울을 적시면서 / 너의나이가 몇살이냐 / 자식놈이 하는말이 / 눈시울을 적시면서 / 익살맞게 대답하되 / 나의나이는 이륙이오 / 부자상봉 지켜보던 / 성을쌓던 인부들은 / 고향에다 두고나온 / 부모처자 생각나서 / 하던일을 멈추고서 / 통곡하며 눈물짓네 / 어서빨리 성을쌓고 / 고향으로 돌아가서 / 그리운처잘 만나보세'

나이가 이륙이라는 말은 춘향이 이팔청춘이 열여섯이듯이 열두 살이란 뜻이다. 장가간 지 사흘 만에 성 쌓는 부역에 끌려나와 10년이 넘게 집에 가질 못했는데 그때 생긴 아들이 아비라고 찾아와 처음으로 부자 상봉하는 눈물겨운 광경이다. 우리네 역사책에는 서세동점西勢東漸이니 척화양이斥和攘夷이니 하는 어려운 용어로 당시 상황을 설명하지만, 역사의 급변을 온몸으로 겪어야 했던 민중들의 삶이란 이런 것이었다.

다음 방으로 옮겨 가면 '강화 도령'이었던 철종을 모시러 오는 광경을 그린 행렬도가 우리를 맞는다. 대열의 선두는 강화 도심의 관청리에 있는 철종의 생가(용흥궁)에 가 닿았는데 후미는 이제야 강화나루를 건너고 있다. 이렇게 어마어마한 행렬이 철종을 모시러 온 것이다. 은언군(사도세자의 서자로 당시의 복잡한 정세 속에서 역모 사건에 연루되어 강화도로 귀양 왔다가 끝내 사약을 받았다)의 손자였던, 열여덟 살의 '강화 도령' 이원범은 서울에서 거대한 행렬이 당도하자 아마도 자기마저 죽이려고 하나 보다 겁을 먹고 뒷간에 숨었다는 이야기가 전해진다. 강화도 시골의 나무꾼에서 하루아침에 한 나라의 군왕이 되었다가 서른넷 젊은 나이에 세상을 떠난 철종 임금의 인생이 역전되는 그 순간이 화폭에 잡혀 있다.

2층 계단을 올라가자면 엄청나게 큰 깃발이 눈길을 끈다. 1871년 신미양요 당시 광성보가 함락될 때 빼앗긴 '수자기帥字旗'의 복제품이다. 원본은 미국 애틀란타 시에 있는 해군사관학교 박물관에 소장되어 있었는데 2007년 10월 영구 임대 형식으로

한홍구 교수가 수자기를 설명하고 있다.

한국으로 돌아와 현재 이곳에 소장되어 있다. 광성보가 함락된 뒤 미군이 수자기를 배경으로 찍은 사진이 남아 있어 우리의 기억을 되살려 준다.

전투에서 깃발을 빼앗긴다는 것은 그 부대가 궤멸되었다는 것을 의미한다. 내가 군대에 갔을 때 춘천의 103보충대에서 조교가 "말 안 듣는 놈의 새끼들만 골라서 27사(이기자 부대)에 보내 버린다" 하고 욕을 하고는 했는데, 하필 내가 27사단에 배치되었다. 훈련이 엄청나게 많은 예비 사단이라서 병사들이 고생이 이루 말할 수가 없었는데 고참들에게 들으니 예비 사단이 된 이유는 한국전쟁 때 깃발을 빼앗겨서라고 했다. 그래서 우리 사단에는 사단 깃발이 없었다. 평양 가서 찾아오라는 것이다. 깃발 없는 부대의 사병으로 고생했던 기억이 '수자기'가 돌아왔다는 소식에 새삼 떠오른다.

수많은 비석 가운데 눈에 들어오는 추모비 하나, 조봉암 추모비

2층에 있는 전쟁 유적은 직접 유적지에서 보도록 하고 밖으로 나와 보면 수많은 비석을 모아 놓은 것이 눈에 띈다. 아마도 강화도 곳곳이 개발되면서 원래의 터전을 빼앗긴 비석들을 한데 모아 놓은 모양이다. 개발은 실향민만 만들어 내는 것이 아니라 '실향비'도 양산하는 모양이다. 대부분의 비석들은 '선정비善政碑'로 비문의 내용을 따서 '영세불망비永世不忘碑'라고도 부른다. 이렇게 비석 수백 개가 늘어설 만큼 강화도에는 선정을 베푼 수령들이 끊이지 않았던 것일까?

원래 선정비라는 것은 선정을 베푸는 수령의 은덕을 주민들이 스스로 기려서 수령이 떠날 때 세워 주는 것이다. 그런데 선정비에도 인플레가 생기는 모양이다. 별로 선정을 베풀지도 않았는데 수령이라는 자가 그런 비석 하나쯤 갖고 싶어 하며 자꾸 눈치를 주니 주민들이 울며 겨자 먹기로 비석을 세워 주는 일이 자주 발생했고, 급기야는 수령이 당도하면 바로 선정비를 선물로 세워 주는 일까지 생겼다는 것이다. 비석은 미리 세워 줄 터이니 알아서 적당히 챙겨 먹으라는 메시지를 보내는 것이리라. 그러다 보니 진짜 청백리는 선정비가 서는 것을 부끄러워했다는 말까지 전해진다. 여기 서 있는 수많은 선정비 중에 주인공이 부끄럽지 않은, 선정비를 세운 사람들이 돈을 아까워하지 않은 그런 선정비는 몇 개나 될까? 좋은 돌이 많이 나는 고장 강화도, 그래서 다른 지역보다 선정비도 엄청나게 많이 세워야 했던 것은 아닐까?

역사관의 입구에는 세계금속활자발상중흥기념비가 세워져 있다. 강화도는 한국의 출판 문화 발전에서 빼놓을 수 없는 곳이다. 역사관 안에는 팔만대장경을 만들 때의 모습이 잘 그려져 있다. 청주에 가면 일찍이 1992년에, 현존하는 가장 오래된 금속활자본인《직지直指》를 찍은 흥덕사 옛터에 청주고인쇄박물관을 세워 기념하고 있는데, 직지보다 훨씬 앞서《고금상정예문古今詳定禮文》을 찍은 강화도에는 이 비석 이외에는 강화가 금속활자 발상지라는 사실을 기리는 기념 시설은 없다.

　우리는 어려서부터 한국이 세계 최초로 금속활자를 발명했다는 사실을 누누이 들어 왔다. 그런데 왜 우리 한국의 금속활자는 구텐베르크의 활판 인쇄술이 지식 혁명을 가져온 것과 같은 큰 변화를 불러오지 못한 것일까? 구텐베르크의 금속활자가 많이 찍기 위해서 발명한 것이라면 우리 선인들의 금속활자는 적게 찍기 위해서 발명한 것이 차이라고 할 수 있다.

　고려나 조선 시대에 책을 읽는 지식인의 숫자는 과연 얼마나 되었을까? 지식인들은 또 얼마나 책을 구매했을까? 금속활자 이전의 지배적인 인쇄 방식은 목판인쇄였다. 목판인쇄란 강화역사관에 잘 재현되어 진열되어 있듯이 나무판에 일일이 글자를 새겨 넣는 방식이다. 사서삼경처럼 고정적인 수요가 있는 책이라면 이런 방식으로 찍어 내도 가능하지만 만약 필요로 하는 사람의 수가 극히 적다면 목판 작업을 하는 것은 도저히 견적이 나오지 않는 일이다. 최초의 금속활자본인《고금상정예문》의 발행 부수가 28부에 불과했고, 조선 시대의 대표적인 금속활자본인《조선왕조실록》의 경우 겨우 네 부를 찍었을 뿐이다. 이렇게 수요가 적은 책을 목판으로 인쇄한다는 것은 타산이 맞지 않는다. 한국의 금속활자 발명이 지식 혁명으로 이어지지 못한 이유는 이 위대한 발명을 지식의 대중화로 이끌어 낼 만큼 한문으로 된 책을 읽는 사람들의 집단이 형성되지 못한 때문이다.

　강화역사관의 진입로 부근에는 강화가 낳은 근현대사 인물 죽산 조봉암의 추모비가 서 있다. 1899년생인 조봉암은 20대와 30

대 때에는 저명한 공산주의 운동가로 활약했는데, 해방 후 전향하여 1948년 정부 수립 당시에는 초대 농림부 장관을 지냈다. 농림부 장관으로서 그의 주된 업적은 바로 농지 개혁이었다.

좌파에서 주장한 토지 개혁의 경우 모든 토지를 대상으로 무상 몰수 무상 분배의 철저한 개혁을 지향한 반면, 농지 개혁은 모든 토지가 아니라 농지만을 대상으로 유상 몰수 유상 분배로 이루어졌다. 이 때문에 1980년대의 진보적인 학자들 중에는 농지 개혁의 의의를 낮게 평가하는 사람들이 많았지만, 지금은 농지 개혁의 중요성을 다들 높이 평가하고 있다.

만약 농지 개혁이 없었더라면 한국전쟁의 양상은 크게 달라졌을 것이다. 지금이야 대한민국 국민의 절대다수가 대한민국에서 낳고 자란 사람들이지만, 전쟁이 일어났을 무렵에는 38도선 이남에 살고 있던 사람들 중 대한민국 국민이라는 정체성을 확립한 사람은 극소수에 불과했다. 비록 한계가 있긴 하지만 대한민국이 농민들에게 토지를 나누어 주기 이전에 인민군이 내려와 토지 개혁을 실시했다면 어떻게 되었을까?

이승만과 결별한 조봉암은 1956년 대통령 선거에서 이승만과 격돌했다. 원래 이 선거에서는 민주당 후보 해공 신익희가 한국 정치 사상 가장 선동적이고 효과적이었던 구호 "못 살겠다, 갈아 보자!"를 내세우며 돌풍을 일으켰다. 서울 인구가 150만이던 시절 한강 백사장에 신익희의 후보 연설을 듣기 위해 30만 인파가 운집했다는 것은 지금 촛불 집회에 70만이 모인 것보다 더 큰 사건이었다. 그 신익희가 그만 호남선 열차를 타고 유세를 가다가 갑작스럽게 세상을 뜬 것이다. 눈물의 호남선이란 말은 이때 널리 퍼지게 되었다.

그때까지 2강 1중 구도로 전개되는 선거전은 신익희의 사망 이후 급속히 양강 구도로 재편되었다. 흥미 있는 것은 당시 야당이던 민주당 지도부가 조봉암을 지지하는 대신 이승만을 지지한 점이다. 이승만보다 더 친미적이고 보수적이었던 민주당 지도부는 "김일성이하고는 협상을 해도 조봉암과는 손잡지 못하겠다"며 전 공산주의자인 조봉암 대신 철저한 반공주의자 이승만을 지지하겠다고 밝혔다. 그러나 대중은 조봉암을 선택했다. 개표 결과 이승만은 504만 표, 조봉암은 216만 표로 상당히 큰 차이로 이승만이 승리했다. 그러나 1956년 대통령 선거는 조봉암이 투표에서 이기고 개표에서 졌다는 말을 낳을 정도로 부정으로 얼룩졌다.

비록 선거에서 패했지만 조봉암은 차기 주자로서의 입지를 확실히 굳혔다. 이미 여든을 넘긴 이승만이 4년 후의 선거에 또 뜰 수 있을지 장담할 수 있는 사람은 아무도 없었다. 이런 조건이 조봉암을 죽음의 구렁텅이로 몰아넣

죽산 조봉암 선생 추모비

게 된다. 조봉암은 보수 야당인 민주당에 입당하고 싶었으나 민주당이 자신을 거부했기 때문에, 진보당을 만들었다. 조봉암의 진보당은 평화 통일을 들고 나왔다. 지금이야 평화 통일이 너무나 당연한 얘기지만 이승만 정권은 이를 북진 통일을 포기하고 이북 정권을 인정하자는 파격적인 주장으로, 나아가 이북의 주장에 동조한 것으로 몰고 갔다. 우여곡절 끝에 조봉암은 사형을 선고받았고, 1959년 7월 31일 서대문형무소에서 형장의 이슬로 사라졌다. 차기 대통령 선거의 가장 유력한 도전자 조봉암은 선거를 8개월 앞두고 사법 살인을 당했다. 야당인 민주당은 이승만의 만행을 온몸으로 저지하려 하지 않았다. 이렇게 독하게 정권을 유지하려 한 이승만은 몇 달 못 가서 4월 민주 혁명으로 인하여 모든 것을 잃어버렸다.

조봉암의 추모비가 고향에 건립된 것은 2001년의 일이다. 2001년이란 역사적인 6·15공동선언이 있은 1년 뒤의 일이다. 지금 한국 사회에서 조봉암이 전국적으로 복권과 명예 회복이 되었다고 할 수 있을까? 그의 추모비 곁에는 또 다른 비석이 서 있다. 추모비 건립을 위해 돈을 낸 사람들의 명단이다. 왜 꼭 이런 비석을 세워야 했을까. 여기저기 다니다 보면 예부터 비석을 세우거나 탑을 쌓는 데 돈을 내면 돈을 낸 사람들의 이름을 기록해 놓은 것을 볼 수 있다. 돈을 좀 냈다고 그 사실을 꼭 이렇게 돌에 새겨야만 할까 하는 생각을 하다가 문득 조봉암의 추모비 곁의 작은 비석의 의미가 조금은 다르게 다가온다.

여기에 이름을 새긴 사람들의 대부분은 강화와 인천의 지역 유지들이다. 한국 정치사의 대표적인 '빨갱이' 조봉암은 비록 고향에서만이지만 보수 우익 인사들로부터 추모의 대상이 된 것이다. 흔적도 없이 사라져 간 이 땅의 수많은 조봉암들이 자기 고향에서나마 기억될 수 있는 날은 언제일까.

하늘로 올라간 용이 살던 곳, 용흥궁

강화 읍내로 한참을 들어오면 오른쪽으로 관청리에 철종의 생가인 용흥궁, 성공회 강화성당, 고려궁지 등이 한데 몰려 있다. 강화도에서 3·1운동이 일어난 장소를 알리는 기념비 건너편으로 선원 김상용 선생의 순절비가 두 개 서 있다. 하나는 흰 돌, 하나는 강화의 특산인 오석이라 불리는 검은 돌로 된 것이다.

  단단한 오석을 다루는 법이 조선 후기에 개발되면서 오석이 널리 쓰이게 되었는데 김상용의 후손들은 처음 세웠던 비석 대신에 보다 화려하고, 글자를 읽기 쉬운 오석으로 비석을 새로 세우면서 옛 비석을 땅에 묻었다. 그 후 강화에도 개발 바람이 몰아치면서 새 비석과 땅에 묻었던 비석을 이곳으로 옮겨 와 같이 세운 것이다.

  김상용은 종묘에 모신 조선왕조의 위패를 받들고 강화로 왔다가 강화가 함락되자 화약에 불을 붙여 폭사한 인물이다. 그의 아우 청음 김상헌은 청나라에 끌려가며 지은 "가노라 삼각산아, 다시 보자 한강수야"라는 시조로 유명하니, 형제가 당대의 충절로

철종이 임금 되기 전에 살았던 잠저. 용흥궁. 왕의 후손이 살던 집이라기에는 믿기지 않을 만큼 비좁다.

강화도

이름을 떨쳤다. 조선 후기 정치사를 주무른 안동 김씨의 세도 정치는 모두 이 두 형제의 후손들이 한 것인데, 조선 시대 양반을 따질 때 잘난 조상을 둬야 한다는 것이 으뜸가는 기준이 되는 것도 안동 김씨의 세도를 보면 무리가 아니다.

 순절비 아래쪽 골목으로 들어가면 철종의 잠저潛邸 용흥궁이 나온다. 궁이라고 하지만 그 규모는 조금 큰 기와집 정도이다. 이나마 원래의 크기가 아니라 나중에 강화 유수 정기세가 용흥궁을 증축하면서 터를 넓게 잡아 지은 것이다. 집으로 들어가면 약간 높은 곳에 '철종 잠저 구기舊基'라고 쓴 비석이 있는데, 이곳이 원래 집터였다. 조선 시대의 왕은 흔히 용에 비유가 되었는데, 잠저라고 하면 용이 하늘로 오르기 전에 물에 잠겨 있을 때 살던 집이라는 뜻으로 왕위에 오르기 전에 왕이 거처하던 곳을 말한다. 보통의 경우 왕세자로 있다가 왕이 죽은 후 왕위를 승계하게 되는데, 왕세자가 거처하는 곳은 동궁이라 부른다. 경복궁의 동궁은 일제에 의해 완전히 철거되었다가 최근 복원되었다.

 동궁에 살다가 왕이 된 사람들에게는 잠저가 없지만, 왕세자의 신분이 아닌 상태에서 왕위를 계승한 성종이나, 중종이나 인조처럼 쿠데타 세력에 의해 왕으로 추대된 사람들이 살던 곳은 잠저라 불리게 된다. 용흥궁이란 명칭은 용이 일어나 하늘로 올라갔다는 뜻이니 잠저의 이름으로는 잘 지은 이름이라 하겠다.

 용흥궁의 앞에는 비석 두 개가 서 있다. 하나는 정기세의 송덕비이고, 다른 하나는 정기세의 아버지인 정원용의 송덕비이다. 정원용은 철종 때 영의정을 지낸 인물인데 헌종이 후사가 없이 죽은 후 조대비와 협의하여 직접 강화로 내려와 강화 도령 이원범을 모셔와 국왕으로 추대했다. 이런 사연이 있는 까닭에 정기세가 용흥궁을 크게 세우는 일은 자신의 아버지를 높이 떠받드는 일도 되는 것이다.

성공회 강화성당, 배려와 융합의 디자인

성공회의 본고장인 영국에서는 스코틀랜드의 아이오나 섬을 신앙의 못자리로 여기는데, 강화도는 한국 성공회에는 아이오나 섬과 같은 곳이다. 그래서인지 몰라도 지금도 한국 성공회를 이끌고 있는 인물들 중에는 김성수 주교(전 성공회대학교 총장) 등 강화도 출신이 유독 많다. 성공회는 1890년 처음 한국에 전해졌는데 강화도에는 3년 후인 1893년에 들어왔다. 영국의 초기 선교사들은 강화도를 조선의 아이오나 섬으로 만들기 위해 집중적으로 선교 활동을 벌였고, 비슷한 시기에 남쪽과 북쪽에 성당을 지었다. 그중 관청리에 있는 것이 성공회 강화성당이다.

성공회 강화성당은 기독교 계통의 여느 교회와는 달리 잘생긴 한옥 건물이다. 마크 트롤로프 주교가 강화성당 건축의 총 책임을 맡았는데, 그는 경복궁 중건의 책임자였던 도편수에게 일을 맡겼다. 그런데 이 도편수는 이 큰 성당을 짓는 데 설계도도 없이 작업을 시작했다고 한다. 트롤로프 주교는 일이 진행되는 동안 몹시 불안해했지만, 자기가 주문했던 것보다 더 멋진 건물이 세

강화성당은 천장을 높이고 벽 위쪽에 유리 창문을 내었다. 그래서 밖에서 보면 2층으로 보이지만 안에서 보면 단층인 중층형 구조를 갖고 있다.

워진 것을 보고 감탄을 금할 수 없었다고 한다. 이 성당의 목재는 모두 백두산에서 벌채하여 뗏목으로 압록강을 통해 운송해 온 것이다. 성당의 큼지막한 대들보에는 1900년 4월 16일 오시에 상량했다는 글이 선명하게 쓰여 있다.

유일신을 섬기는 기독교가 유럽을 벗어나 다른 문화와 처음 만나게 될 때, 유달리 충돌과 갈등이 많았다. 상대방에 대한 배려 없이 자기 것만이 옳다고 주장하다 보면 당연히 상대방의 반발을 불러오게 마련이다. 성공회는 성당을 지으면서 조선의 고유한 건축양식을 택하여 당시의 조선 사람들이 거부감을 갖지 않도록 세심한 배려와 융합의 자세를 보였다. 십자가 무늬도 불교에서 중시하는 연꽃의 이미지를 빌려 와 그린 것이 눈에 띈다.

성공회가 한국에 전파된 시기는 이미 한국에서 기독교의 선교가 합법화되었을 때였다. 성공회보다 100여 년 앞서 한국에 들어온 천주교는 때로 심한 탄압을 받았던 반면, 비교적 늦게 한국에 전파된 성공회는 아직도 기독교를 배척하는 분위기가 만만치 않았던 한국에서 나름대로 안착할 수 있었다.

강화성당은 언덕 위에 있는 평평한 땅의 모양에 맞추어 집을 짓다 보니 사제관까지 포함하면 꼭 바다로 나아가는 배의 모습과 같다. 겉에서 보면 한옥이지만, 안에 들어와 보면 기둥이 많고 양쪽으로 회랑을 둔 것 등 바실리카 양식을 본떴음을 알 수 있다. 또, 성당의 옆문은 영국을 상징하는 '유니언잭' 무늬를 살렸다. 성공회에서는 미사 시간에 유향을 피우기 때문에 천장이 높은 것이 좋은데, 강화성당은 천장을 높이고 벽 위쪽에 유리 창문을 내었다. 그래서 밖에서 보면 2층으로 보이지만 안에서 보면 단층인 중층형 구조를 갖고 있다. 강화성당을 지키는 성인이 베드로와 바울인지라 성당 안에는 베드로의 천국의 열쇠와 바울의 칼을 그린 깃발이 걸려 있다. 성당 앞에는 아주 큰 보리수나무가 서 있고, 성당 옆으로는 회화나무가 서 있는데, 보리수나무는 석가모니의 득도를 상징하고 회화나무는 유교의 선비를 상징한다는 점에서 다른 종교와 융합하려는 성공회의 자세가 엿보인다.

강화성당은 국가지정문화재 사적 424호로, 2004년 5억 원을 들여 전체 수리 공사를 했다.

외규장각에 있던 서적들은 어디에

강화성당을 나와 언덕을 오르면 고려궁지가 나타난다. 13세기, 고려가 몽고의 침입을 받았을 때 고려인들은 강화도를 거점으로 40년간 완강하게 저항했다. 고려궁지는 그때 궁궐이 있던 자리인데 고려가 몽고에 항복하고 개경으로 환도할 때 옛 건물은 모두 불태워 버렸기 때문에 남아 있는 것이 없다. 조선 시대에는 이곳에 지금으로 치면 강화 시청 격인 유수부留守府를 두었다. 강화도는 국방의 요충지인 터라 강화는 지금으로 치면 직할시에 해당했고 강화 유수의 직급도 경기도 관찰사와 동급인 종2품(차관급)이며, 경기도 관찰사는 지방관인 외직인 반면 유수는 경관직으로 분류되었다.

지금 고려궁지에는 유수부의 시설로는 강화 유수의 집무실인 동헌과 이방청이 남아 있는데, 당대의 명필 백하 윤순이 한껏 멋을 부려 쓴 동헌의 현판 명위헌明威軒이 눈길을 사로잡는다. 명위헌 옆에는 외규장각外奎章閣이 있는데, 원래의 건물은 1866년 병인양요 당시에 프랑스 군에 의해 소실되었고, 현재의 건물은 2004년에 복원한 것이다.

규장각은 정조 때 설치된 국왕 직속 도서관 겸 학술 연구 기관이라 할 수 있다. 한옥이나 한적漢籍은 모두 불에 취약하기 때문에 정조는 규장각을 궁궐 안에 설치하면서 규장각의 분관 겸으로 강화도에 외규장각을 설치했다. 만약 규장각에 화재가 발생했을 때 귀중한 서적들이 한꺼번에 불타 없어지는 것을 방지하기 위함이었다. 그런데 얄궂은 역사의 운명은 규장각에 보존되었던 서적들을 모두 온전하게 남겨 놓았지만, 외규장각에 있던 책들은 프랑스 군이 약탈해 간 의궤儀軌 300여 권을 제외하고 모두 프랑스 군에 의해 잿더미로 화해 버리고 말았다.

프랑스 군이 약탈해 간 의궤 300여 권은 한국의 고속철도 건설 당시 프랑스가 한국에 자국 모델을 팔아먹기 위해 한 권을 돌려준 것을 제외하고는 프랑스 국립도서관에 소장되어 있는데 한국과 프랑스 간의 반환 협상은 현재 중단된 상태이다. 당시 프랑스 군 장교가 남긴 기록을 보면 그들은 조선의 문화 수준에 상당히 자존심이 상했던 것으로 보인다. 그들의 눈에 당시 조선의 초가집이란 사람이 사는 곳으로 보이지 않을 정도로 낮고 초라한 것이었는데 놀랍게도 어느 집에나 책 여러 권이 있었다는 것이다.

당시의 프랑스에서는 궁벽한 시골의 가난한 집에 책이 있다는 것은 상상하기 어려운 일이었다.

대영박물관이나 루브르박물관 등 세계 굴지의 박물관에서 '약탈' 문화재를 본국에 반환한다면 건물 이외에 무엇이 남을까. 그런데 제국주의의 후예들은 자기네가 문화재를 가져왔기 때문에 이만큼 보존이 되는 것이지, 만약 현지에 그대로 두었더라면 다 파괴되고 말았을 것이라고 늘 말하곤 한다. 그러나 강화도 외규장각에 보관되어 있었던 우리 문화재의 경우 너무나 잘 보존되고 있던 것을 까막눈인 프랑스 군이 와서 글자만 있는 것은 불태우고 그림 좋고 표지가 아름답게 만들어진 것만, 즉 돈이 될 법한 것만 약탈해 간 것이다. 문화재란 원래 있었던 자리에 있을 때 그 빛을 발하는 법이다.

화장실에서 떠오른 박정희 일화

외규장각을 지나 이방청으로 가다 보면 노란색 화장실이 사람들을 기다리고 있다. 박정희가 강화도의 국방 유적을 대대적으로 정비, 복원했을 때 강화도 천지가 온통 이 노란색으로 뒤덮였었다. 매점, 매표소, 화장실 같은 부속 건물만이 아니라 웬만한 유적은 단청이나 한옥의 제 빛깔을 살리지 않고 전부 밝은 계란색으로 칠해 버렸다. 이 무렵 처음 강화도를 찾았을 때 꼭 계란찜 속에 빠져 버린 것 같은 느낌이 들어 어느 아저씨에게 물어보니 육영수 여사가 좋아하는 색깔이라는 답을 들었던 기억이 난다. 불쌍하게 죽은 육영수 여사를 기리는 것도 좋지만 해도 너무했다는 생각을 떨쳐 버릴 수 없었다. 하긴 그때 서울 시내의 버스들도 똑같은 노란 바탕에 파란 띠를 두르고 다녔다.

그래도 그 시절이 전두환 때보다는 눈이 덜 피로했던 것 같다. 1970년대 초중반의 우중충한 버스 색깔과 비교해 볼 때 옅은 노란 바탕에 파란 띠를 두른 버스는 한결 산뜻해 보였다. 그런데 전두환이 들어서고 '새 시대'가 열리더니 버스 색깔이 바뀌었다. 악! 흰 바탕에 이상한 보라색! 보라색은 정말 어려운 색깔이다. 조금만 색감이 달라도 감당하기 힘들 정도로 엉망이 되는 게 보라색이다. 그런데 그 보라색 덩어리가 매연을 내뿜으며 시내를 질주하다니······. 보라색은 이제는 재산이 29만 원밖에 안 남았다는 그분의 아내 이순자가 좋아하던 색이란다.

강화도에 즐비한 박정희의 글씨를 보며, 그리고 이제는 강화도에서 이방청과 광성보의 화장실 등 몇 곳을 제외하고는 흔적을 찾기 어려워진 달걀색을 보며 나는 학생들에게 말하곤 한다. 혹시 높은 자리에 오르더라도 어디에서 함부로 글씨 쓰지 말 것이며, 자기나 가족이 좋아하는 색깔을 남에게 알리지 말라고······.

이방은 어떻게 먹고 살았을까

화장실을 돌아 이방청으로 들어서면 이방청의 규모에 놀라게 된다. 강화 유수의 집무실인 명위헌보다 이방청의 규모가 훨씬 더 크다. 사람들은 이방이라고 하면 사극에서 등을 구부리고 사또 옆에 서 있다가 사또가 명을 내리면 "네~잇" 하고 답하며 종종걸음을 치는 간사한 모습을 떠올리지만, 이곳 당당한 이방청 건물의 책임자인 이방은 유수부를 실질적으로 움직이는 행정 부시장 또는 총무국장 정도의 위상을 지닌 고을 실세이다. 그런데 이 큰 건물 책임자인 이방의 월급은 얼마나 되었을까?

요즘의 관점에서 볼 때는 참 이해하기 힘든 일이지만 이들은 월급을 전혀 받지 않았다. 그럼 이들 아전들이 자원봉사자였을까? 이들은 풀타임 정규직이었다. 그러면 이들은 어떻게 먹고살았을까? 그야말로 '적당히' 먹고살았다. 어디까지가 뇌물이고 어

강화 유수부 이방청. 행정 부시장 노릇을 했던 이방의 영향력을 짐작할 수 있다.

디까지가 정당한 수수료인지 그 경계는 참 모호했다. 유교 국가인 중국과 한국은 전통적으로 지방 행정의 실질적인 책임자인 아전들에게 전혀 임금을 지급하지 않았다. 그러니 그들은 알아서 해 먹어야 했다. 그리고 알아서 해 먹는 것은 권리이지 죄가 아니었다. 다만 얼마나 먹느냐가 문제였을 뿐이다.

조선 시대의 양반을 규정하는 기준에서 가장 중요한 기준이 "양반이 양반이라고 인정해야 양반이다"라는 말이 있는데 언뜻 들으면 모호하기 짝이 없는 말이지만 현실 속에서는 너무나 명쾌한 기준이었다. 이런 '모호'한 경계를 지닌 엘리트 집단이 조선이라는 왕조를 500년 동안 지탱했다. 그리고 중앙과 지방의 행정을 실질적으로 책임지는 아전들도 '자시다'와 '처먹다'의 모호한 경계를 넘나들며 500년 동안 조선을 경영했다. 지금도 가끔씩 "적당히 해 먹어"라는 말을 들을 수 있는데 참으로 뿌리 깊은 말이다.

고인돌, 어떻게 세웠을까

강화읍을 지나 하점면 부근리에 가면 유명한 고인돌 공원이 나온다. 강화에는 고인돌 120여 기가 있는데, 고창과 화순의 고인돌과 더불어 2000년에 유네스코 세계문화유산으로 선정되었다. 한국은 고인돌의 나라다. 한국에만 고인돌 수만 기가 있어 전 세계 고인돌의 80퍼센트 이상을 차지한다고 한다. 이곳 부근리의 고인돌은 한국의 수많은 고인돌 중에서 가장 잘생긴 고인돌이다.

부근리 고인돌이 세워진 곳은 탁 트인 평지이다. 80톤 규모의 돌을 끌려면 장정 300~400명은 동원되어야 하니 전체 인구가 대략 2천 명 정도의 공동체는 되어야 이런 크기의 고인돌을 만들 엄두를 내었을 것이다.

부근리 고인돌처럼 받침돌이 키가 커서 마치 탁자처럼 생긴 것을 북방식 고인돌이라 부르고, 받침돌이 길이가 짧아 바둑판처럼 생긴 것을 남방식 고인돌이라 부른다. 부근리 고인돌은 북방식 고인돌 중에서 가장 큰 것인 동시에 북방식 고인돌의 남방 한계선, 즉 가장 남쪽에 자리 잡고 있다. 부근리 고인돌의 덮개석 무게는 80톤이 넘을 것으로 추산되는데 요즘의 기중기로도 다루기 어려운 무게이다. 그 옛날 사람들은 어떻게 고인돌을 세웠을까?

암반에서 덮개석을 떼어 내는 것부터 만만치 않은 일이었다. 덮개석의 표면을 잘 보면 가늘고 깊은 홈 비슷하게 생긴 것이 보이는데, 이 바위에 구멍을 뚫고 그곳에 바짝 마른 나무를 집어넣었다. 물을 부어 나무가 불어나면 그 힘에 바위가 쪼개지는 방법을 쓴 것이다. 마른 나무가 물을 머금어 그렇게 부피가 늘어난다는 것도 놀라운 일이지만 도대체 옛날 사람들은 어떻게 그런 궁리를 했을까?

부근리 고인돌이 세워진 곳은 탁 트인 평지이다. 도대체 어디서 저렇게 큰 돌을 가져온 것일까? 운송 수단도 없었을 텐데 어떻게 저 돌을 가져왔을까? 둥그런 나무를 깎아 돌 밑에 괴어 바퀴처럼 이용하기도 하고 겨울에는 물을 뿌려 잘 미끄러지게 빙판을 만들어서 돌을 끌었다고도 한다. 이렇게 한다 하더라도 80톤 규모의 돌을 끌려면 장정 300~400명은 동원 되어야 하니 전체 인구가 대략 2천 명 정도의 공동체는 되어야 이런 크기의 고인돌을 만들 엄두를 내었을 것이다. 고인돌을 만들 때는 먼저 상대적으로 크기가 작은 받침돌을 가져다가 세운 뒤에 이 받침돌에 흙을 덮어 작은 언덕을 만들었다고 한다. 그 다음에 이 언덕 위로 덮개석을 끌어올려 얹어 놓은 뒤 흙을 파내면 고인돌이 완성되는 것이다.

남방식 고인돌 중에 큰 것은 덮개석의 무게가 북방식인 부근리 고인돌보다 훨씬 더 나가는 것도 있지만, 대개 남방식 고인돌은 북방식에 비해 규모가 작고 떼로 모여 있다. 고인돌이라는 것이 원래 평지라도 쌓기가 어렵지만, 북방식 고인돌은 언덕 위에 서 있는 경우도 많다. 언덕의 높이를 더해 고인돌을 더 웅장하게 보이게 하려는 의도였을 것이다. 남방식 고인돌이 규모가 작아지고 떼를 지어 형성되어 있다는 것은 공동체의 조직 원리가 북방식 고인돌을 세운 것과는 달랐다는 것을 의미한다. 위압적인 형태의 북방식 고인돌을 세우는 공동체에서는 고인돌의 주인공이었을 족장이 절대적인 권위를 행사했다면, 남방식 고인돌은 북방식 고인돌보다 더 많은 사람들이 고인돌의 주인공이 될 수 있었다는 것을 의미한다.

죽어서도 친민을 실천하는 정제두

노을이 아름다운 양도면 하일리에 가면 양명학자로 이름이 높았던 정제두와 그의 아버지인 정상징의 묘소가 있다. 어떤 게 아버지 묘이고 어떤 게 아들 묘냐고 물어본다면 아주 삐딱하거나 질문자의 의도를 알아차린 눈치 빠른 몇몇을 제외하고, 대개 위에 있는 것이 아버지의 묘라고 답할 것이다. 그런데 아들인 정제두의 묘가 아버지의 묘보다 더 높은 곳에 있다. 조선 중엽의 묘소 중에서 가끔씩 아들이나 손자의 묘가 아버지나 할아버지의 묘보다 더 높은 곳에 자리 잡고 있는 것을 볼 수 있다. 이를 두고 어떤 이는 아버지나 할아버지가 아들이나 손자를 죽어서까지 업고 있는 것이라고 한다.

정제두의 묘비를 보면 당시의 일반적인 묘비와 중요한 차이를 하나 더 찾아볼 수 있다. 정제두의 묘비에는 그의 관직이 '조선국 의정부 좌찬성朝鮮國 議政府 左贊成'이라고 쓰여 있는데, 대개의 경우는 조선 앞에 '유명有明'이라는 두 글자가 추가되어 있다. 이미 명나라가 망해 버리고 청나라가 선 지 오래이건만 이른바 재조지은再造之恩, 즉 임진왜란에서 조선을 다시 살려 낸 은혜를 잊지 못해 유신들의 머릿속에는 아직도 명나라가 살아 있었던 것이다.

정제두가 추구했던 양명학은 당시 조선의 사상계를 지배했던 주자학과는 여러 면에서 달랐다. 주자는 《대학》을 풀이하면서, 본문에 《대학》의 근본 뜻이 "친민親民"에 있다고 되어 있는 것을 "신민新民", 즉 지배자의 입장에서 백성을 나날이 새롭게 교화하는 데 있다고 새겼다. 왕양명은 이와는 달리 "친민"을 글자 그대로 새겨 백성을 친하게 여기는 것이라고 보았다.

양명학을 따른 정제두 역시 이런 입장에서 주자를 비판했다. 여기저기 답사를 다녀 봐도 정제두의 묘처럼 쉽게 찾을 수 있는 곳이 드물다. 갈 길 바쁜 답사객도 그저 큰길가에 차를 대 놓고 잠깐 둘러볼 수 있는 곳이 정제두의 묘이다. 이 역시 "친민"의 작은 실천이 아닐까?

당색으로 따진다면 정제두는 소론의 거두였다. 정제두가 강화에 자리를 잡은 뒤 그의 학문적 영향을 받은 일군의 학자들이 200여 년간 끊이지 않고 나와 양명학 – 실학 – 민족 사학의 맥을 이었는데 이를 강화학파라 한다. 강화학파의 대표적인 인물들로는 조선 후기 당대에는 추사 김정희보다 명필로 이름이 더 높았던 원교 이광사, 조선 시대 대표적인 기사본말체紀事本末體 사서인 《연려실기술練藜室記述》을 쓴 이긍익, 조선 후기 최고의 문장가이자 조선 후기 정치사를 가장 객관적으로 서술한 《당의통략黨議通略》의 저자인 이건창과 그의 아우 이건승, 이건창의 사촌으로 위당 정인보의 스승인 이건방, 임시정부의 임시 대통령을 지낸 사학자 백암 박은식, 민족 사학자로 이름이 높은 위당 정인보 등이 있다.

얼치기 뉴라이트와 대조되는 옛 보수주의자, 이건창

강화도를 찾았으면 당연히 강화학파의 흔적을 더듬어 보아야 한다. 내가 즐겨 찾는 곳은 화도면 사기리의 이건창 생가와 양도면 건평리에 있는 이건창의 묘소이다. 하루 일정에 두 곳을 모두 방문하기 빡빡하면 이건창의 생가를 방문하는 것이 더 좋을 것이다. 그의 묘소는 조선왕조의 장엄한 몰락을 상징하듯 너무 쓸쓸하기 때문이다. 남의 집 뒤에 묘비도 없이 그저 녹슨 철제 안내판 하나만 덩그러니 서 있는 그의 묘소를 보면 이건창의 오랜 친구 매천 황현이 스스로 목숨을 끊기 직전 마지막 작별을 고하러 이건창의 묘소를 찾아와 읊고 갔다는 시가 떠오른다. "그대 홀로 누운 것 서러워 마소. 살아서도 그대는 혼자가 아니었던가."

사기리의 이건창 생가는 지금은 잘 정돈이 된 초가집으로 복원되어 있다. 생가 벽에는 매천 황현이 해서체로 힘 있게 쓴 이건창의 당호 명미당明美堂이란 현판이 걸려 있다. 이건창은 여기서 태어나 열다섯 살 되던 해에 할아버지 이시원의 자결을 지켜봐야 했다. 병인양요로 강화도가 프랑스 군에 함락됐을 때 이조판서를 지낸 이시원은 이때 자신의 아우와 함께 목숨을 끊었다. 조선 500년에서 최고의 신동을 꼽으라면 조선 전기에서는 김시습을,

사기리의 이건창 생가는 지금은 잘 정돈이 된 초가집이다. 생가 벽에는 매천 황현이 해서 체로 힘 있게 쓴 이건창의 당호 명미당이란 현판이 걸려 있다.

후기에서는 이건창을 꼽는다. 일찍이 역관 출신의 개화사상가 강위에게 수학한 재기 발랄한 이건창은 '서양 오랑캐'의 난으로 자결한 할아버지 때문이었을까, 개화파가 될 수 없었다.

그는 보수파였지만 철저한 개혁가이기도 했다. 열다섯 나이에 소년 등과한 이건창은 암행어사로도 이름이 높았다. 그가 암행어사로 나가 파직시킨 수령은 보통 원님이 아니라 지금의 도지사인 관찰사였다. 오죽했으면 고종이 지방관을 임명하면서 잘못하면 이건창을 보내겠다고 엄포를 다 놓았을까? 동학 농민들이 봉기를 일으켰을 때 이건창은 질서를 어지럽힌 동학 농민들을 철저히 토벌해야 한다고 주장했지만 농민군 토벌에 앞서서 농민들로 하여금 봉기하게 만든 탐관오리들을 먼저 척결해야 한다고 강력히 주장했다. 이건창과 그의 벗들은 단발령을 반대했다. 그러나 그들의 반대 이유는 위정척사파의 거두인 최익현처럼 "내 목은 잘라도 내 머리는 못 자른다"는 식의 완고한 반대는 아니었다. 그들에게는 상투를 자르고 안 자르고는 처음부터 문제가 아니었다. 이건창의 친구 김택영이 중국 망명 생활 중 변발을 하고 지낸 것을 보면 그들이 지키고자 했었던 것은 한낱 상투가 아니라 자기 운명의 주인으로서의 존엄성이었다는 것을 알 수 있다.

나라가 망해 가자 이들은 사재를 털어 신학문을 가르치는 학교를 세우는 등 기울어진 국운을 되돌리기 위해 발버둥 쳤다. 황현이 멀리 구례에서 아편을 먹고 자결할 때, 이건창의 동생 이건승도 약을 먹으려 했으나 식구들이 눈치를 채고 달려와 약사발을 잡아챘다. 이건창의 벗이자 동지인 정원하 역시 식구들에게 약사발을 빼앗긴 뒤 칼로 자결하려 했으나 칼을 빼앗으려는 가족들과 승강이를 하다가 결국, 한 손을 쓰지 못하는 불구가 되었다. 이건승도, 정원하도, 또 강화학파에서 중요한 맥을 잇는 홍승헌도 모두 가산을 정리하여 망명 길에 올랐다가 널빤지로 된 관 하나 변변히 쓰지 못한 채 쓸쓸히 죽어 갔다.

너무 가슴이 아려 한 줄 읽고 한숨 한 번 쉬고 한 쪽 보고 책장을 한 번 덮어야 하는 민영규 교수의 《강화학 최후의 광경》은 5천 년 긴 역사를 지닌 이 나라에서 어떻게 보수주의자들이 사라져 갔는가에 대한 가슴 아픈 기록이다. 보수주의자들이 장엄하게 사라져 간 이 땅에 덜떨어진 뉴라이트만이 날뛰고 있다.

광성보, 박정희의 반미로 복원되다

강화에서 빼놓을 수 없는 곳이 광성보, 덕진진, 초지진 등 이른바 국방 유적이다. 이 유적들은 모두 박정희 정권 말기인 1976~77년에 강화 국방 유적 복원 정화 사업의 일환으로 새롭게 복원되었다. 원래 조선 시대에는 '진鎭'이 '보堡'보다 큰 규모였다. 그러나 복원 정화 사업이 벌어지던 시기에 극도로 악화되었던 한미 관계를 반영하여 신미양요의 격전지였던 광성보가 가장 큰 규모로 복원되었다.

광성보에서 용두돈대로 가다 보면 신미양요 직후에 세운 어재연 장군 형제를 기리는 쌍충비雙忠碑가 서 있다. 쌍충비 옆으로는 박정희가 세운 '신미양요 순국 무명용사비辛未洋擾 殉國 無名勇士碑'가 서 있다. 신미양요는 1871년 미국이 1866년에 실종된 제너럴셔먼호 사건을 빌미로 강화도를 공격하여 발생한 조선과 미국 간의 작은 전쟁이었다.

박정희가 이 비석을 세울 무렵인 1970년대 후반의 한미 관계는 파국 일보 직전의 살얼음판을 걷고 있었다. 1960년대 후반 베트남전쟁에 연인원 32만 명의 대병력을 파병하고서도 한미 관계는 오히려 뒷걸음질했다. 박정희는 자신이 미국을 위해 이렇게 큰 기여를 했음에도 북한이 자신을 살해하려 했던 1968년 1·21 사건 당시, 미국이 북한을 응징하려 하지 않았을 뿐만 아니라 한국군의 대규모 월남 파병에도 주한 미군을 본토로 철수시켜 버린 것에 대하여 몸서리치게 분노했다.

그는 미국 행정부만을 믿어서는 안 되겠다는 생각이었다. 미국 의회를 상대로 한국식으로 돈을 뿌리기 시작했다. 워터게이트 사건 이후 도덕을 강조하는 미국의 정치 풍토 속에서 박정희가 미국 의원들을 상대로 대규모 뇌물을 뿌린 것은 '코리아게이트'라는 엄청난 스캔들로 비화했다. 당시 인권 외교를 표방한 카터 대통령은 박정희의 군사독재를 비난하면서 주한 미군을 철수하겠다고 선언했다. 이 당시 미국이 청와대 대통령 집무실을 도청하는 등 한미 간의 불신과 대립은 극에 달했다.

박정희가 강화도의 국방 유적을 대대적으로 정비한 것은 바로 이 시기였다. 강화도의 오랜 역사에서 박정희가 주목한 곳은 고려의 무신 집권기와 19세기 말의 신미양요와 병인양요였다. 군인 출신인 박정희는 같은 무인이라고 무신 정권에 대하여 상당한 친밀감을 느끼고 있었다. 그리고 감히 미국을 상대로 싸웠던 우리 조상들을 갑자기 떠받들기 시작했다. 무명용사비는 유럽에서 19세기 말의 여러 전쟁과 1차 세계대전 직후에 집권 세력이 국민을 통합시키려고 즐겨 세웠던 건축물이다. 박정희 역시 전통적 우방인 미국과 극도의 긴장 관계에 빠진 상황에서 국민 통합의 필요성 때문에 무명용사비를 세웠다. 누군가가 박정희 이름 석 자를 이 무명용사비에서 정으로 쪼아 낸 것이 눈길을 끈다.

쌍충비 옆으로는 모두 7기의 무명용사 묘지가 눈길을 끈다. 요즘이야 모든 국가가 국립묘지를 세워 전쟁에서 죽은 병사들을 기리는 작업을 하고 있지만 전근대 시대에는 요즘식의 국립묘지라는 게 따로 없었다. 아주아주 높은 장군님이라면 모를까 병사들은 자기가 죽은 곳에 묻혀야 했다. 그렇게 이름도 기록도 없이 한 구덩이에 여러 구의 시신을 묻어 놓은 무덤 7기가 제멋대로 놓여 있다. 어느 해 겨울에 혼자 강화를 찾았다가 이곳을 찾았을 때 눈 덮인 무덤에 꽃바구니가 있어 가 봤다. '국가정보원 정보대학원 ○○기 수료생 일동'이라고 적혀 있었다. 19세기의 반미와 박정희 시대의 반미와 학생들의 반미와 정보대학원 동기생들의 반미 무명용사 묘지 참배가 어우러져 묘한 느낌을 낳았다.

무명용사 묘지에서 5분가량 내려가면 용두돈대가 나온다. 손돌목의 전설이 어린 이곳에서 바다를 보면 바다가 아니라 꼭 여울물처럼 하얀 거품을 내며 빠르게 물이 흐른다. 강화도에서 손꼽히는 절경이지만 문외한이 보더라도 한눈에 군사 요충지임을 알 수 있다.

이곳에서도 우리는 박정희가 국방 유적을 복원하면서 세운 '강화전적지정화기념비'를 만나게 된다. 무명용사비와 다른 것은 무명용사비의 글씨는 서예가로 이름이 높은 일중 김충현 선생이 쓴 것인데, 이 비석의 글씨는 박정희가 직접 썼다는 점이다. 박정희는 약 300여 점의 휘호를 남겼고 이 휘호들은 《위대한 생애》라는 책으로 1989년에 간행되었다. 이 비석은 1977년에 세운 것으로 박정희의 휘호 중에서는 비교적 후기의 것이다. 그가 초기에 쓴 광화문 같은 현판에 비하면 그나마 잘 쓴 축에 든다. 그러나 어디다가 내놓을 만한 글씨는 전혀 아니다.

미완의 혁명이 땅에 묻혀 있는 곳
국립4·19민주묘지

4·19가 일어난 직후 시인 김수영은 흥분에 들떠 〈우선 그놈의 사진을 떼어서 밑씻개로 하자〉라는 시를 썼다.

우선 그놈의 사진을 떼어서 밑씻개로 하자
그 지긋지긋한 놈의 사진을 떼어서
조용히 개굴창에 넣고
썩어진 어제와 결별하자
그놈의 동상이 선 곳에는
민주주의의 첫 기둥을 세우고
쓰러진 성스러운 학생들의 웅장한
기념탑을 세우자
아아 어서어서 썩어빠진 어제와 결별하자

북한산 자락 수유리에는 김수영이 흥분해서 외치던 대로 "쓰러

4·19혁명이 땅에 묻혀 있는 이곳은 지금 '국립4·19민주묘지' 이다.

진 성스러운 학생들의 웅장한 기념탑"도 섰고, 민주주의의 기둥을 상징하는 돌기둥도 여러 개 섰다. 그런데 김수영은 이 시를 쓰고 얼마 후 "혁명은 안 되고 나는 방만 바꾸어 버렸다"며 "방을 잃고 낙서를 잃고 기대를 잃고 노래를 잃고 가벼움마저 잃"어버린 자신을 한탄해야 했다. 그리고 5·16 군사 반란이 왔다.

반란군은 4·19혁명을 의거라고 부르고 5·16을 혁명이라 불렀다. 우리는 썩어 빠진 어제와 결별하지 못했고, 젊은이의 피를 끓게 하던 4·19는 말라비틀어진 어제가 되었다. 학생들이 나서서 세상을 뒤엎어 버렸지만, 이제 더 이상 위험하지도 불온하지도 않은 화석 같은 기억이 되어 버린 4·19혁명, 그 4·19혁명이 땅이 묻혀 있는 곳이 이곳 4·19묘지다. 지금은 이름도 거창하게 '국립 4·19민주묘지'가 되었다.

1970년대 후반의 4·19

내가 대학에 들어간 1970년대 후반, 이곳 4·19묘지는 참 쓸쓸한 곳이었다. 아직 5월 광주도, 뜨거웠던 6월 항쟁의 역사도 만들어 내지 못했던 그 시절, 4·19는 제일가는 저항의 상징이었다. 4월이 되면 학생들도 당국도 긴장했다. 그때는 '운동권'이라는 말이 등장하기 전이었지만 운동하는 학생들이 많은 서클이나 학과, 교회의 신입생들은 삼삼오오 선배들에 이끌려 긴장된 마음으로 이곳을 찾았다.

당시의 유신 정권은 1980년대 전두환 정권이 무지막지하게 망월동 참배를 막았던 것처럼 이곳을 봉쇄하지는 않았지만, 쭉 늘어선 전경 버스를 지나 눈매가 곱지 않은 리시버 낀 아저씨들을 뒤로하고 4·19묘지에 참배 가는 것은 나름 떨리는 일이었다.

지금은 이것저것 시설도 많이 들어서고 규모도 커졌지만 그 시절 4·19묘지는 참 단출한 곳이었다. 그래도 여기는 사정이 나았다. 각 학교마다 있던 4·19기념탑은 더 쓸쓸하게 4·19를 보냈다. 특히 서울대의 4·19기념탑은 아마도 가장 쓸쓸한 기념물이었을 것이다. 1975년 종합화란 이름하에 관악캠퍼스로 이전해 올 때 4·19기념탑은 광장에 자리 잡을 수 없었다. 서울대 경내라고는 하지만 강의실이나 도서관이 자리 잡은 곳에서 산으로 15분 정도는 더 올라가야 하는 곳에 4·19기념탑은 덩그러니 서 있었다.

박정희가 죽던 1979년의 4·19 전날, 대학교 2학년생이던 나는 친구들과 4·19묘지를 찾았다. 30년 세월이 흘렀지만 그 쓸쓸했던 기억은 지워지지 않는다. 그해 따라 봄이 늦게 왔는지, 봄이 왔어도 봄 같지 않았는지 모르지만 내 머릿속에 남아 있는 수유리 4·19묘지의 광경은 12월이나 1월 즈음에 그런 썰렁한 모습이었다. 아마도 그때만 해도 반년만 지나면 유신 독재가 무너질 것이라는 점을 알지 못했기 때문이었으리라. 4·19와 박정희는 상극의 관계에 있었다. 4월의 혁명 정신을 짓밟은 것이 5·16 군사 반란이 아니었던가.

4·19와 5·16은 둘 다 혁명이 될 수는 없는 관계였다. 5·16이 '군사 혁명'이 되면 4·19는 의거가 되어야 했고, 4·19가 혁명이

라면 5·16은 그 혁명을 좌절시킨 군사 쿠데타이거나 군사 반란이거나 '정변' 이어야 했다. 50년 세월이 지나도 4·19는 '미완의 혁명'이라 불리고 있다. 4·19를 미완의 혁명으로 만들어 버린 것이 바로 5·16 군사 반란이었다.

민주당 정권이 이승만 정권보다 더 보수적이고 때로 더 반민주적이었기 때문에 일부 인사들이 당시에 5·16에 조금 기대를 걸었던 적이 있었던 것도 사실이지만 사람들은 곧 깨달았다. 박정희의 등장은 당시 대학생이었던 신영복 교수의 표현을 빌자면 이승만이 권총 차고 돌아온 것이라는 점을……. 그런 박정희가 권력을 잡고 있을 때 4·19묘지가 만들어졌다.

4·19묘지의 쓸쓸한 탄생

1960년에 발생한 4월 혁명은 마산 3·15의거의 희생자까지 합쳐 185명의 희생자를 냈다. 한국전쟁을 전후한 시기에는 골짜기 골짜기마다, 동네 동네마다 200명, 300명씩 죽어 나간 것이 널려 있었지만 전쟁이 끝나고 이렇게 한꺼번에 많은 사람이 죽은 것은 처음 있는 일이었다.

다행히 이승만 정권이 물러났기 때문에 이들 희생자에 대한 추모와 기념사업은 신속하게 진행될 수 있었다. 1961년 2월 1일 장면 내각은 국무회의를 거쳐 희생자들의 공원묘지를 설립할 것을 결의했다. 그러나 5·16 군사 반란으로 시행이 늦어지다가 1962

년 12월 21일에 4월 학생기념비와 묘지 건립 기공식이 열리게 되었다.

　기공 당시에는 4·19 3주년에 맞추어 준공을 목표로 했지만 공사가 늦어져 1963년 9월 20일에 묘지 준공식과 기념탑 제막식이 열렸다. 수유리는 지금은 번화가가 되었지만, 그때만 해도 교통이 아주 불편한 서울의 외곽 지대였다. 5·16 군사 반란이 일어나지 않았더라면 4·19묘지는 시내 한복판에 자리 잡았을 것이다. 4·19묘지가 변두리로 밀려나게 된 것은 만약 이 묘지를 도심에 건설할 경우, 이곳이 군사독재 정권에 대한 저항의 집결지가 될 것이라는 박정희 정권의 우려 때문이었다. 규모도 현재의 3분의 1도 채 안 되는 8천 평 정도로 매우 협소했다.

　4·19묘지는 작은 규모도 문제였지만 내용과 공간 배치에서도 많은 문제를 보였다. 박정희 정권이 4·19묘지의 설계 및 조형물 제작에 대한 책임을 맡긴 사람은 조각가 김경승이었다. 서울대 교수로 재직 중이던 김경승은 일제의 전쟁 수행과 조선 통치에 적극 협력한 미술계의 대표적인 친일 인사인데 이승만 동상, 맥아더 동상 등도 그의 손으로 건립되었고, 박정희 집권 초기에 광화문에 들어섰던 수많은 동상들 중 여러 개가 그의 손을 탔다.

　조각은 기능일까, 아니면 철학이 담긴 예술일까? 친일 경력의 조각가 김경승이 독립운동가의 동상도 세우고, 민족주의자들의 동상도 세우고, 외국 장수의 동상도 세우고, 독재자의 동상도 세우고, 또 민주주의를 위해 피 흘린 젊은 넋들을 추모하는 기념물을 도맡아 만든 것이다. 요즘은 기념비, 기념탑, 묘지, 추모 공원,

국립4·19민주묘지 안에 있는 '정의의 불꽃'이다. 4·19혁명의 역사적인 의미를 불꽃 형상으로 표현했다

전시관 등 각종 기념 시설을 어떻게 만들 것인가에 대한 고민이 아주 깊어졌지만, 그 당시만 해도 그런 고민을 별로 하지 않던 시절이었다. 그러다 보니 그저 크게만 높게만 지으면 좋은 것으로 생각했었다.

산 자와 죽은 자가 어떻게 만나고 대화할 것인가를 고민하기보다는 산 자의 영역과 죽은 자의 영역을 뚜렷하게 갈라놓았다. 조형물들 역시 수직으로 높이 솟은 기념탑을 중심으로 완벽한 좌우대칭을 이루고 있어 민주주의를 위해 희생된 분들을 대단히 권위주의적이고 위계가 분명하게 잡혀 있는 공간에 가두어 둔 느낌이다.

1980년을 거치면서 4·19는 동생을 보게 되었다. 청년 학생들이 기억해야 할, 아니 기억하는 정도가 아니라 엄청난 역사적 무게를 감당할 길이 없어 몸부림쳐야 했던 5월 광주를 만나게 된 것이다. 5월 광주에 가려 4·19는 1980년대의 청년 학생들에게는 너무나 머나먼 얘기였고, 좀 심하게 얘기하면 그 자체의 의미를 존중받지 못한 채 5월 광주로 가는 워밍업 기간으로 자리매김되었다. 4·19가 재조명되고, 4·19묘지가 국립4·19민주묘지로 격상된 것은 어정쩡한 민주화가 시작된 문민정부 시기의 일이었다.

김영삼 정권은 1993년 4·19묘지에 대한 '성역화' 사업을 시작했다. 무엇을 기념한다는 것은 대단히 정치적인 행위이지만, 정치 행위에도 고상한 행위와 저열한 행위가 있다. 4·19묘지를 국립4·19민주묘지로 승격시킨 것은 언뜻 뜻깊은 일로 보이지만 실상은 속 보이는 행동이었다. 문민정부가 등장한 시기는 5월 광주의 복권이 가장 뜨겁게 논의되던 시기였다. 문민정부로서도 광주의 복권은 피해 갈 수 없는 절박한 과제였다. 그런데 김영삼에게 광주를 복권시키는 것은 김대중과 호남을 높이는 것으로 보였던 것이다. 김영삼 정권은 광주가 우리 민주화 운동에서 독보적인 위치를 점하는 것을 피해 보려고 4·19를 높이기 시작했던 것이다. 김영삼의 고향 마산은 4·19의 도화선이 된 3·15의거가 일어난 곳이고, 망월동의 5·18묘지가 국립묘지로 지정될 때, 4·19묘지와 3·15묘지도 같이 국립묘지로 지정되었다.

10대의 감수성이 만들어 낸 혁명

그다지 순수한 의도에서 비롯된 것은 아니었지만, 오랜 기간 내버려져 왔던 4·19묘지가 국립묘지로 승격되면서 일정한 변화가 일어나게 되었다. 무엇보다도 공간이 많이 넓어졌다. 그러나 4·19묘지에 대한 성역화 작업은 기존의 4·19묘지가 갖고 있던 문제점을 오히려 증폭시켰다. 그렇지 않아도 4·19혁명의 의의에 걸맞지 않게 권위적이던 모습은 성역화 사업으로 더욱 권위적인 모습이 되었다.

   국립묘지로의 격상 이후 오히려 촌스러워진 대표적인 모습을 찾는다면 묘지의 동쪽 구릉에 커다랗게 회양목 나무를 다듬어 국가보훈처라고 써넣은 것이다. 묘지를 향해 올라갈 때는 보이지 않지만, 참배를 마치고 깊은 상념 속에 빠져 있다가 고개를 들어

묘지의 동쪽 구릉에는 커다랗게 회양목 나무를 다듬어 국가보훈처라고 써넣었다. 국립묘지로 격상된 이후 오히려 촌스러워진 대표적인 모습이다.

주위를 살펴보려던 사람들을 거의 경기를 일으킬 정도로 놀라고 참담하게 만드는 '작품'이 아닐 수 없다. 4·19의 이념이었던 민주나 자유를 그렇게 새겨 놓았더라도 참으로 민망했을 자리에 국가보훈처라고 써넣는 무모함은 도대체 어디서 온 것일까?

묘지의 뒤쪽으로는 유영봉안소가 있다. 이 봉안소는 처음 묘지 준공 당시 있었던 것은 아니고, 1970년대 초반에 지어졌다고 한다. 지금은 묘비에도 조그맣게 원형으로 돌아가신 이들의 사진을 모셔 놓았다. 묘지를 바라보고 왼편의 1묘역은 주로 4·19혁명 당시에 돌아가신 분들을 모셨고, 오른편의 2묘역은 당시 부상을 입었다가 그 후에 돌아가신 분들을 주로 모셨다. 1묘역은 꽉 차 있지만, 2묘역은 채 절반도 차지 않았다. 이곳에는 당시 부상을 입지는 않았지만 4·19혁명 유공자로 선정되어 건국포장을 받은 분들이 사망한 후에 묻힐 자리라고 한다.

묘지에서 눈에 띄는 것은 여기 모신 분들의 상당수가 대학생이 아니고 중학생이나 고등학생, 심지어는 국민학생이라는 점이다. 4·19혁명이라는 역사적 사건의 발단은 지식인이나 대학생에 의한 것은 아니었다. 촛불이 그랬던 것처럼 4·19는 중학생, 고등학생이 앞장서서 일어난 대 사건이었다. 그것도 전쟁이 끝나고 만 7년이 안 되어서 일어난 사건이었다.

미국 유학 시절 나는 어느 백인 노동자와 같이 유인물을 돌린 적이 있었다. 미국 사장에게 떼인 돈을 받으러 간 피코PICO노동조합 아주머니들을 지원하는 유인물이었다. 미국에서 유인물을 돌린다는 것은 한국과는 달리 전혀 위험하지 않지만, 사람들의 무관심 때문에 오히려 더 힘든 일이다.

　유인물을 그리 오래 돌리지도 않았건만 나는 사람들의 무관심이나 뭐 이딴 걸 돌리고 있나 하는 식의 경멸 섞인 눈길 때문에 극도로 피로해져 있었다. 그런데 옆을 보니 그때 50대 초반이었던 그 백인 노동자는 너무나 꿋꿋하게 유인물을 돌리고 있는 것이었다. 그날 유인물을 다 돌리고 난 뒤 우리 둘은 맥주 한잔을 했다. 술잔을 기울이며 나는 그에게 물어보았다. 나는 힘들어 죽겠는데 당신은 무슨 기운으로 그렇게 씩씩하게 돌리고 있었냐고……. 그가 눈을 반짝이며 답했다. "너 4·19 아니?" 나는 그가 뚱딴지같이 4·19를 들먹이는 것에 의아해하기는 했지만 안다고 답했다. 그는 자기는 4·19의 힘으로 여전히 꿋꿋하게 유인물을 돌린다고 답했다. 나는 놀라서 그게 무슨 말이냐고 물었다.

　미국 중부의 찢어지게 가난한 백인 가정에서 태어난 그는 스무 살이 되었을 때 가난에서 탈출하기 위해 군대에 입대하여 4·19 직전에 주한 미군으로 한국에 배치됐다고 말했다. 그는 꿈을 꾸듯 회상에 잠기며 말을 이어 갔다. "너 그거 아니? 그때 서울이 어떤 모습이었는지? 아직도 전쟁의 폐허가 남아 있었고 길거리에는 거지와 실업자 들이 넘쳐 났지. 나도 미국에서 정말 가난하게 살았지만 어떻게 이런 곳이 있을 수 있나 싶었어. 얼른 더럽고 희망 없는 한국을 벗어나고 싶었지. 그런데 4·19가 일어난 거야. 나보다 더 어린 중학생, 고등학생 들이 들고 일어났고 그러더니 정권을 바꾸어 버렸지. 세상을 뒤엎은 거야. 그게 한국전쟁이 끝나고 만 7년이 채 되지 않았을 때였어." 자신보다 어린 학생들이 세상을 바꾸어 버린 충격, 그 충격 때문에 그는 그날 이후 세상의 변화에 대하여 고민하게 되었고, 사회주의 노동운동가가 되었던 것이다.

아, 이게 4월 혁명의 힘이었구나. 나는 한국에서 대학원까지 근현대사를 공부했지만 적어도 4·19에 대해서만큼은 이날 가장 충격적인 공부를 할 수 있었던 것이다. 우리는 흔히 4월 혁명의 주역을 대학생들로 기억하지만, 대학생이 처음 데모를 한 것은 4월 14일 전북대생이 한 것이 처음이고, 서울에서는 그나마 4월 18일에 가서야 고려대 학생들이 국회의사당으로 진출한 것이 처음이었다. 이들 고대생들이 학교로 돌아가던 중에 정치 깡패들의 습격을 받았기 때문에 다음 날 대학생들이 한꺼번에 쏟아져 나왔고, 경찰의 발포로 유혈 사태가 벌어진 것이다. 2·28부터 근 50일간 민주주의를 외쳤던 것은 주로 고등학생들이었다. 3·1운동도, 4·19도, 촛불 항쟁도 모두 10대의 감수성이 만들어 낸 사건이었다. 4·19의 주역이 중, 고등학생이었다면 4월 혁명을 기리는 가장 슬픈 조시는 발포 현장에서 얼마 떨어지지 않은 곳에 자리 잡은 수송국민학교 학생 강명희가 썼다.

나는 알아요

아…… 슬퍼요.
아침 하늘이 밝아 오며는
달음박질 소리가 들려옵니다

국립 4·19 민주묘지

저녁놀이 사라질 때면
탕탕탕탕 총소리가 들려옵니다
아침 하늘과 저녁놀은
오빠와 언니들의
피로 물들었어요

오빠와 언니들은
책가방을 안고서
왜 총에 맞았나요

도둑질을 했나요
강도질을 했나요
무슨 나쁜 짓을 했기에
점심도 안 먹고
저녁도 안 먹고
말없이 쓰러졌나요
자꾸만 자꾸만
눈물이 납니다.
잊을 수 없는 4월 19일
학교에서 파하는 길에
총알은 날아 오고
피는 길을 덮는데
외로이 남은 책가방

무겁기도 하더군요

나는 알아요, 우리는 알아요
엄마 아빠 아무 말 안 해도
오빠 언니들이
왜 피를 흘렸는지를
오빠와 언니들이
배우다 남은 학교에서
배우다 남은 책상에서
우리는 오빠와 언니들의
뒤를 따르렵니다

 세상이 험하면 아이들이 일찍 철이 드는 법이다. 이미 국민학생들은 엄마, 아빠가 아무 말 안 해도 오빠, 언니 들이 왜 피를 흘렸는지를 알아 버렸다. 열다섯 살 먹은 중학교 2학년 진영숙이라는 소녀는 "우리들이 아니면 누가 데모를 하겠습니까?"라는 유서를 남겨 놓고 생명을 바쳐 싸우려고 나섰다가 총탄에 맞아 이곳 수유리에 누워 있다. 이런 어린 학생들부터 치료해 주라고 수술을 한사코 마다하다가 과다 출혈로 숨을 거둔 서울대 학생 김치호도 여기 잠들어 있다.

미완의 혁명, 미완의 기념

4월 혁명의 역사를 떠올리며 가장 아쉬운 것은 어느 사이에 우리 사회를 뒤덮은 지역주의이다. 30여 년의 군사독재와 보수 대연합이 3당 합당을 거치면서 지금 영남은 수구, 보수 세력의 아성이 되었지만, 4월 혁명은 영남에서부터 일어났다. 학생들이 민주당 부통령 후보 장면의 선거 유세를 들으러 가는 것을 막기 위해 일요일에도 학교에 나오라고 한 것에 반발하여 대구의 고등학생들은 2월 28일 민주주의를 살리자는 구호를 내걸고 대대적인 시위를 벌였다. 이것이 4월 혁명의 도화선이 된 대구 2·28사건이다.

엄청난 부정 선거가 자행된 3월 15일 1만 명 이상의 시민이 모여 격렬한 데모를 벌인 곳은 바로 마산이었다. 이날 마산에서 경찰의 발포로 아홉 명이 숨졌고, 실종된 김주열 군의 시신은 눈에 최루탄이 박힌 처참한 모습으로 근 한 달이 흐른 4월 11일 바다에서 떠올랐다. 삽시간에 모여든 마산 시민의 숫자는 3만 명을 넘어섰고, 경찰이 다시 발포하여 두 명이 또 희생되었다. 이렇듯 영남은 4월 혁명을 잉태하고 출산한 고장이었다. 영남 지역의 민주화 운동 역량은 대구, 경북 지역은 1974년의 인혁당 재건 위원회 사건으로 거세되었고, 부산, 경남 지역은 1979년의 부마 항쟁과 1987년의 6월 항쟁 때까지 이어져 왔으나, 1990년 3당 합당 이후 급격히 약화되었다.

김영삼 정권의 성역화 사업으로 국립4·19민주묘지에는 지상 2층 지하 1층의 총 512평 규모의 '4·19혁명기념관'이라는 전시

시설이 들어서게 되었다. 1층 전시실에는 4·19혁명의 연표, 배경, 전개 과정, 의의 등 각종 사진과 당시에 발표된 선언문 등이 전시되어 있고, 2층에는 4·19혁명의 역사적 의의와 재평가에 대한 정보 검색을 할 수 있고, 당시 부정선거가 자행될 무렵에 사용된 것과 같은 모습의 투표함이나, 시위 군중들에게 발포한 경찰의 총 등을 전시한 유물 전시 코너가 있다. 역사 기념 시설 전문가인 정호기 박사에 따르면 4·19혁명기념관의 전시물들은 1995년 개관 이래 단 한 차례의 개편도 없이 그대로 유지되고 있다고 한다. 현재 이 기념관은 2010년 1월 재개관을 목표로 개선 공사

묘역에는 아직 빈 자리가 많다. 이곳에는 4·19혁명 유공자들이 묻힐 자리라고 한다.

가 진행 중이다.

　미완의 혁명이 되어 버린 4월 혁명을 기리는 작업은 역시 미완일 수밖에 없나 보다. 4월 혁명은 민주의 장을 열었을 뿐 아니라 통일과 친일 청산의 문을 활짝 열었다. 그런데 4·19묘지 어디에서도 통일과 친일 청산을 향한 기운은 찾아볼 수 없다. 4·19가 일어난 것은 1960년, 해방부터 따져서는 15년이 채 안됐고, 전쟁이 끝난 지도 7년밖에 지나지 않았다. 4·19가 일어나기 9개월 전인 1959년 7월 진보당수 조봉암이 평화 통일을 주장한 죄로 형장의 이슬로 사라졌다. 평화 통일을 입에 담는다는 것은 이승만 독재 정권하에서 그야말로 죽을죄였지만, 4·19는 이제 통일로 가는 길을 활짝 열어 놓았다.

　자유당보다 더 보수적이고 친미적인 민주당 정권은 반공법과 집시법을 통해 청년 학생들의 통일 열기를 막아 보려 했지만, 청년 학생들은 "가자 북으로! 오라 남으로! 만나자 판문점에서!"라는 구호를 내걸고 남북 학생 회담을 추진했다. 한국 학생운동 사상 아마도 가장 선동적이었을 이 구호에서 "가자 북으로"라는 말은 상징적으로 가자는 뜻이 아니라 진짜 가자는 얘기였다. 그때 스무 살 난 대학생은 한국전쟁 당시 열 살이었다. "엄마, 먼저 갈게, 빨리 와"라며 엄마 손을 놓고 피난길에 나선 열 살짜리 소년이 겉모습만 대학생이 되어 10년간 참았던 그리움을 목 놓아 소리친 것이 바로 그 구호였다. 그런 절절함이 있었기에 이 구호는 지금 들어도 찌릿한 느낌을 준다.

　통일이 된다면 정말 많은 것이 달라지겠지만, 특히 달라질 것은 군대와 친일 청산 문제였을 것이다. 현재 남북한에서 군복을 입고 있는 젊은이들은 200만에 육박하는데 통일 조국이라면 인생의 가장 아름다운 시기에 있는 젊은이들을 이렇게나 많이 군복을 입혀 놓고 지구상에서 가장 비생산적인 활동에 종사하게 할 일은 없지 않겠는가. 통일이 된다면 군대는 당연히 대대적으로 감축되어야 할 것이다.

또 북이 친일 잔재 청산을 제대로 했다면 남쪽은 친일 잔재 청산을 전혀 하지 못했다. 얼굴 반쪽은 세수하고 다른 반쪽은 얼룩을 그대로 묻히고 있는 꼴이다. 통일이 된다면 얼룩을 나눠 묻혀야 할까 아니면 깨끗하게 얼굴 전체를 잘 씻어야 할까? 통일이 된다는 것은 남쪽에서 죽다가 살아난 친일파에게는 재앙이었던 것이다. 통일에 대하여 군대가 위기감을 갖고, 친일파가 위기감을 가졌다면 제일 큰 위기감을 느낀 자들은 바로 군대에 있는 친일파였다. 박정희 일당이 목숨을 걸고 군사 반란을 일으킨 것도 우연한 일은 아니다. 4·19와 5·16이 결코 화해할 수 없는 근본적인 이유도 여기에 있다.

아직 우리가 5월 광주를 갖기 이전, 5·16 군사 반란 세력이 권력을 잡고 있을 때 4월은 참 쓸쓸했다. 4월이 되면 사람들은 '4월은 참 잔인한 달'이라는 엘리엇의 시구를 외고, 봄이 와도 봄 같지 않다는 '춘래불사춘'을 읊으며 술잔을 기울였다. 어느 추모곡이든 슬프지 않은 것이 있으랴만 여린 마음을 지닌 기성세대의 시조 시인 이영도가 젊은 넋들을 위로하기 위해 쓴 진달래라는 노래는 가사도 슬펐고 노래도 슬펐고 부르고 나면 부른 사람도 슬퍼졌다.

눈이 부시네 저기 난만히 멧등마다
그날 스러져 간 젊음 같은 꽃사태가
맺혔던 한이 터지듯 여울여울 붉었네.

그렇듯 너희는 지고 욕처럼 남은 목숨
지친 가슴 위엔 하늘이 무거운데
연연히 꿈도 설워라 물이 드는 이 산하.

그 어둠 속에서 자유의 종을 난타하던 사람들은 다 어디로 갔을까? 여기 200명쯤 누워 있는 사람들 말고 그날 거리를 메웠던 그 사람들은 다 어디로 갔을까? 4·19가 나고 18년 후 김광규는 〈희미한 옛사랑의 그림자〉에서 혁명의 주체에서 이제 혁명이 두려운 기성세대가 되어 버린 자신들의 처지를 낮지만 진지한 목소리로 노래하면서 자신들의 세대에게 반문했다. "부끄럽지 않은가/부끄럽지 않은가"라고…….

지친 가슴으로 욕처럼 남은 목숨을 살고 있을 때는 그래도 사람들은 부끄러움이라는 것을 알고 있었다. 지금 4·19 세대는 어디쯤 가고 있을까? 20년 후 6월 항쟁 세대는 어디쯤 가고 있을까? 또 20년 후 촛불을 처음 들었던 아이들은 어디쯤 가고 있을까? 그날 스러져 간 젊음 같은 꽃 사태가 누워 있는 이곳 4·19묘지는 그런 질문을 던지는 곳이다. 그러나 한때 자유의 종을 난타하던 손으로 독재를 찬양하는 글을 쓰면서 부끄러움을 모르고, 아니, 부끄러움을 얘기하는 자들을 빨갱이로 모는 그런 사람들이

4·19묘지를 꾸미게 되면서 이곳은 죽은 자와 산 자가 정직하게 대면하기에는 뻘쭘한 공간이 되고 말았다. 4월 혁명은 여전히 미완이고, 너무너무 조경이 잘되어 꽃이 만발해도 4·19묘지는 여전히 쓸쓸한 공간일 뿐이다.

서울, 민주화 운동의 발자취를 따라서
공포정치의 무대 '남산'과 민주화의 성지 '명동성당'

남산 하면 서울의 남산을 떠올리지만 사실 남산은 어디에나 있다. 마을 앞산이 바로 남산이기 때문이다. 그런데 1970~80년대 대한민국에서 또 하나의 남산이 있었다. 중앙정보부와 안기부의 별칭이 바로 남산이었다. 이 공포스러운 남산도 어디에나 있었다. 언제나 감시당한다는 느낌, 내 일거수일투족을 남산에서 다 들여다보고 있다는 느낌. 그것이 바로 박정희, 전두환이 써먹던 공포정치의 힘의 원천이었다. 오죽하면 한국에서 제일 흔한 피해망상증 증세가 국정원이 나를 죽이려 하고 있다, 감시하고 있다 같은 것일까? 그 험난한 시절을 보내며 우리는 미쳐도 곱게 미칠 수 없었던 것이다. MBC 뉴스데스크를 진행하는데 어떤 사람이 뛰어들어 "내 귀에 도청 장치가 되어 있습니다"라고 외치던 일을 30대 이상이면 누구나 기억할 것이다.

중앙정보부와 안기부의 또 다른 이름, 남산

그 중앙정보부와 안기부 국내 파트가 있던 건물이 지금 남산의 서울유스호스텔이다. 이 지하실에 끌려가 고문을 당한 사람의 숫자가 몇 명이나 될까? 3년 동안 '국가정보원 과거사건 진실규명을 통한 발전위원회' 위원으로 중앙정보부와 안기부의 국가 폭력 사례를 조사했던 나도 감을 잡을 수 없으니 이걸 어디 가서 물어봐야 할까.

강연이나 세미나가 있어 어쩌다 서울유스호스텔에 가게 되면 나는 저 스산한 곳에서 편히 잠을 잘 수 있을까 의문이 든다. 저 곳은 젊은 여행객들을 재울 곳이 아니다. 나는 이곳이야말로 민주화 운동 기념관이, 인권 기념관이 들어서야 할 곳이라고 믿는다. 현장의 역사성을 떠나 무엇을 기억하고 무엇을 기념할 것인가? 엉뚱한 용도로 쓰이는 것이 어처구니없지만 그래도 건물 자체가 남아 있다는 것은 다행스러운 일이다.

아우슈비츠 박물관이 사람들의 마음을 울리는 데에는 당시의 건물들이 원형 그대로 보존되어 있다는 점이 한몫을 한다. 그 당시 건물 다 헐어 버리고 엉뚱한 곳에 초현대식으로 기념관을 지어 놓았다면 그만큼 생생한 감동을 줄 수 있을까?

명동에서 서울N타워를 보면서 남산을 오르다 보면 이정표가 나온다. 이 건물들이 모두 과거에는 안기부 건물들이었다.

남산과 명동성당

역사에 대한 야만, 남산 르네상스

2006년 이곳을 유스호스텔로 만들어 버린 것도 매우 잘못된 일이지만, 서울시는 이제 안기부 건물을 헐어 버리려고 하고 있다. 2009년 3월 5일 서울 시장 오세훈은 남산의 생태 환경 및 역사 유산 복원을 목표로 하는 '남산 르네상스' 종합 계획안을 발표했는데, 이 계획안에 따르면 옛 중앙정보부 건물인 균형발전본부 청사와 소방재난본부, 교통방송 건물 및 시청 별관 등 남산 속 건물들을 철거하고 대신 역사적 가치가 있는 서울 성곽과 봉수대 등을 복원한다는 것이다. 서울 성곽과 봉수대를 지금 '복원' 한다고 해 보아야 역사적 의미가 없는 복제품에 불과하다. 중앙정보부와 안기부가 어떤 곳이었나? 국가 위의 국가로 군림하면서 남자를 여자로, 여자를 남자로 바꾸는 것 이외에는 거칠 것이 없는 무소불위의 권력을 휘두른 곳이 남산이 아니었던가.

 이곳에서 저질러진 국가 폭력은 대한민국이라는 국가의 원죄와도 같은 것이다. 죄를 지은 인간은 용서할 수 있어도 죄의 흔적은 지워서는 안 되는 법이다. 중앙정보부가 휘두른 공포의 정치의 덕을 본 자들은 아직도 한국 사회를 지배하고 있다. 이들은 죄의 흔적마저 지워 버리고 싶어 한다.

 이곳이 인권 기념관이 된다면, 이곳이 과거 청산의 기념관이 된다면 자라나는 젊은이들이 우리 역사 속에서 다시는 이런 불행한 일이 일어나서는 안 된다는 것을 마음속으로 다지고 또 다지는 장소가 될 것이다. 멀쩡한 사람을 잡아다가 두 달 석 달씩 안

왼쪽 | 안기부 국내 파트가 있던 곳이 지금의 서울유스호스텔이다.
오른쪽 | 안기부장의 공관이었던 집은 '문학의 집·서울'로 바뀌었다.

기부 지하실에 거꾸로 매달아 놓고 두들겨 패 조작 간첩을 만들어 버린 그 세력은 과거를 인정하지도, 고백하지도, 반성하지도, 사죄하지도, 용서를 구하지도 않은 채 그저 죄의 흔적만 지워 버리려 하고 있다.

안기부가 있던 부근은 원래 일제의 조선 통감부가 자리 잡고 있던 곳이다. 지금 유스호스텔로 올라가다 보면 중간에 큰 은행나무와 느티나무가 있는 곳이 있다. 이곳은 일제 통감의 관저가 있던 곳이다. 이곳이 특별한 의미를 갖는 이유는 바로 여기서 1910년 8월 22일 한일 합방의 조약이 비밀리에 체결되었기 때문이다.

500년 역사를 가진 왕조의 최후는 너무나 참담했다. 일본 군대가 궁궐을 점령하고 황제를 끌어내고 대신들을 도륙했다면 차라리 더 나았을지도 모른다. 무슨 상거래를 하듯, 계약서 체결하듯 도장 찍어 500년 된 나라를 넘긴 것이다. 그것도 통감의 침실에서. 그날 밤 테라우치는 400여 년 전 임진왜란 당시 조선 침략에 앞장섰던 "고바야카와, 가토, 고니시가 이 세상에 있다면 이 밤의 저 달을 어떤 눈으로 볼까나"라고 읊었다. 총독부의 2인자인 정무총감은 도요토미 히데요시를 지하에서 깨워 펄럭이는 일장기를 보여 주라는 시로 화답했다. 남산은 이렇게 5천 년 역사의 가장 치욕스러운 순간을 목격한 곳이다.

통감 관저 건물은 일제 말기에는 일본의 조선 통치를 자랑하는 전시관으로 쓰였다. 제2공화국 시절 이곳에 총리 공관을 지으려 한다는 신문 기사가 남아 있지만, 위세 등등한 중앙정보부가 들어선 탓인지 언제 어떻게 건물이 헐렸다는 기록조차 남아 있지 않다. 그러다 보니 경술국치의 현장도 오랫동안 우리 기억에서 잊혀졌다.

일본은 조선을 남산부터 먹어 들어왔다. 임진왜란 때 일본군이 주둔하면서 일본식 성을 쌓았다고 해서 왜성대라 이름 부쳐진 곳에는 일본 공사관이 들어섰다. 현재 애니메이션센터 일대인데, 을사늑약 이후 통감부가 자리 잡았다. 이곳 남산의 북쪽 예장동

서울종합방재센터이다. 밖에서 보면 작은 건물이지만 이곳의 지하에는 서울 시내의 상황을 한눈에 볼 수 있는 상황실이 있다. 이곳이 과거에는 안기부의 지하 벙커였다.

자락은 일제 통치의 중심부였다. 남산의 서남쪽 용산에는 일본군 사령부가 들어섰고, 필동 쪽으로는 헌병대가 자리를 잡았다. 후암동부터 남산 자락을 빙 돌아 필동, 장충동까지 일본인 거주지가 형성되었다.

일제는 장충단 위쪽 지금의 신라호텔 자리에 박문사라는 절을 세웠다. 안중근 의사의 총에 맞아 죽은 초대 통감 이토 히로부미를 기리는 절이었다. 원래 장충단은 을미사변 당시 온몸으로 일본 낭인들을 막다 희생된 조선의 충신들을 기리던 곳이었다. 일제는 그 장충단을 내려다보는 곳에 이토를 위한 절을 세웠고, 얼마 후에는 상해사변 당시 침략의 선봉에 섰던 육탄 3용사의 동상도 세워 버렸다. 조선 신궁, 경성 신사, 러일전쟁 당시의 사령관으로 군신으로 떠받들어진 노기의 신사, 그리고 지금의 해방촌에는 호국 신사 등 우리의 마음의 고향 남산에는 일본 귀신들이 우글거리게 되었다.

중앙정보부가 군대 퀀셋 막사 몇 개에서 처음 시작한 자리는 바로 경술국치의 현장인 통감 관저 바로 뒤의 언덕이었다. 지금의 유스호스텔인 중앙정보부 남산 본부는 이 언덕 바로 옆에 있다. 땅에도 운명이 있는 것인가? 20세기 전반기 우리 역사에 가장 큰 상처를 남긴 경술국치의 현장이 20세기 후반 우리 역사의 가장 어두운 시기 고문과 공작과 사찰의 본산인 중앙정보부 자리와 맞닿아 있다.

통감부의 고문정치顧問政治는 중앙정보부와 안기부의 고문정치拷問政治로 이어진 것이다. 우리는 흔히 해방 후 친일 잔재를 청산

하지 못한 것이 군사독재를 낳았다고 말하지만, 제국주의의 침략이 군사독재와 이렇게 맞닿아 있다는 것을 잊어버리고 있었다. 서슬 푸른 중앙정보부와 안기부가 버티고 있었기에 우리는 남산에 다가갈 수 없었고, 경술국치의 현장은 그렇게 내버려져 있었다. 제국주의 침략의 죄업 위에 군사독재의 죄업이 겹겹이 쌓이는 동안 우리는 나라를 빼앗겼고, 남산을 빼앗겼고, 민주주의를 빼앗겼고, 기억을 빼앗겼다. 우리의 찬란한 금속활자 문화를 꽃피웠던 주자소鑄字所가 있던 흔적은 중앙정보부 면회소로 전락했던 주자파출소의 이름에만 처량하게 남아 있었다.

일제로부터 군사독재로 이어진 가슴 아픈 역사의 생생한 자취를 지워 버리고 아무 일도 없었다는 듯이 모조품 담장과 봉수대를 갖다 놓는 것이 역사의 복원일까? 그것은 역사에 대한 범죄일 뿐이다. 그것은 '남산 르네상스'가 아니라 남산에 대한 야만이요 역사 범죄이다. 과거의 죄는 용서할 수 있지만, 죄의 흔적을 지워 버려서는 안 된다.

2009년 8월 28일 필자와 소설가 서해성 형은 지선 스님, 문정현 신부님, 법안 스님, 정진우 목사, 정상덕 교무 등 종교인들, 이해동 목사나 강만길 교수처럼 중앙정보부에 끌려와 고초를 겪은 분들, 윤여준 전 환경부 장관처럼 안기부에 근무했던 분, 천청배, 박원순, 김형태 변호사처럼 인권 변호사로 변론을 위해 안기부를 드나들었던 분들을 모시고 남산 안기부 건물의 보존과 통감 관저의 복원을 촉구하는 기자회견을 가졌다. 보수와 진보라는 이념적 차이를 떠나 한번 훼손되면 돌이킬 길 없는 역사 유적을 지키자는 데 뜻을 같이한 사람들이 급하게 모여 '역사를 여는 사람들 ㄱ'이라는 단체를 만들기로 했다.

'역사를 여는 사람들 ㄱ'은 통감 관저를 복원해 가슴 아픈 역사를 교육하는 현장으로 삼으면서, 바로 그 옆의 안기부 건물들을 아시아 인권평화센터로 활용할 꿈을 갖고 있다. 아시아의 모든 나라가 제국주의 침략을 겪었고, 개발 독재로 심한 몸살을 앓았거나 앓고 있다. 한국은 큰 희생을 치렀고 아직도 많은 문제를 안고 있지만, 다른 아시아 국가들에 비해 빨리 빈곤에서 탈출했다. 제국주의가 똬리를 틀었던 곳, 독재의 본산으로 고문 등 인권 침해가 자행되던 공간이 내일의 인권과 평화를 위한 공간으로 탈바꿈한다면, 그 자체가 고문 등 피해를 당한 사람들에게 치유의 계기가 될 뿐 아니라 아시아 국가들에 대한 인권과 민주화를 향한 중대한 메시지가 될 것이다.

중앙정보부와 안기부는 권력만 막강했던 것이 아니라 조직도 방대했다. 안기부 건물하면 보통 사람들은 한 채만 생각하지만, 본관이었던 유스호스텔을 중심으로 모두 40여 채나 되는 건물이 있었다. 그동안 많이 헐렸다고 하지만 지금도 본부는 유스호스텔로, 수많은 조작 간첩을 만들어 낸 대공 수사국 건물은 서울 시청 낙산 별관으로, 국내 정치 문제를 다루었던 공포의 6국(당시 사람들은 육국肉局이라고 흔히 썼다)은 균형발전본부로, 육군본부의 지하 벙커와 동일한 기능을 수행할 수 있는 중앙정보부의 지하 벙커는 소방방재센터 상황실로, 안기부장 공관은 문학의 집으로, 기타 별관과 각종 건물들은 교통방송, 소방재난본부 등 서울시의 별관으로 남아 있다. 남산 안기부 터에서 명동성당을 거쳐 시청 앞 광장과 청계 광장, 광화문 광장을 잇는 곳은 민주주의의 성지로 길이 기억되어야 한다.

원래 중앙정보부의 본부는 지금 한국예술종합학교가 위치한 석관동에 있었는데, 1972년 이후락이 부장으로 있던 시절 남산으로 국내 파트를 옮긴 것이다. 중앙정보부장도 석관동보다는 청와대에 훨씬 가까운 이곳에 주로 머물렀고, 때로는 청와대 코앞인 궁정동 등의 중앙정보부 안가(안전 가옥)에 주로 머물렀다.

끔찍했던 고문은 유스호스텔 지하실과 6국이나 대공 수사국에서 많이 이루어졌다. 지금 소방방재센터의 상황실로 쓰고 있는 중앙정보부 지하 벙커는 나는 새도 떨어뜨린다던 중앙정보부의 위세를 상징한다. 유사시 국가원수가 군을 지휘해야 할 벙커가 육군본부뿐 아니라 중앙정보부에도 있었던 것이다.

벙커의 존재는 중앙정보부가 '정보'만을 다루는 곳이 아니었음을 실감케 한다. 역사는 우연한 일들에 의하여 흐름이 바뀌는 일이 많다. 역사에는 가정이 있을 수 없다지만 이 벙커를 보면 나는 자꾸 1979년 10월 26일 그 운명의 밤을 떠올리게 된다.

만약 중앙정보부장 김재규가 박정희를 쏘아 죽인 뒤 육군참모총장 정승화의 말을 들어 육군본부로 가지 않고 남산의 중앙정보부로 들어가 이곳 벙커에서 국무위원들을 불러 모았다면 역사는 어떻게 되었을까? 한반도의 종합적인 군사 상황을 한눈에 파악하도록 만들어진 전광판이 있었음 직한 자리에는 대형 화면이 분할되어 서울 시내 곳곳의 화재 상황을 비춰 주고 있다.

민주화 운동의 역사적 현장, 명동성당

군사독재의 상징인 중앙정보부와 안기부에서 걸어서 10분쯤 되는 거리에 흔히 민주화의 성지라고 불리는 명동성당이 자리 잡고 있다. 명동의 옛 이름은 명례방이었다. 이곳에서는 1784년 이승훈 등에 의해 최초의 신앙 공동체가 만들어진 곳인데, 세계 천주교회사에서 선교사의 파송 없이 현지 주민들 사이에서 자발적으로 신앙 공동체가 만들어진 것은 조선이 처음이었다고 한다.

그 유서 깊은 자리에 천주교는 큰 성당을 짓고자 했다. 그런데 성당의 축성은 생각처럼 쉽지 않았다. 대궐이 내려다보이는 곳에 대궐보다 높은 뾰족탑을 짓겠다고 하니, 정부가 허가를 내주려 하지 않았던 것이다. 명동성당은 위치 문제로 오랫동안 갈등을 겪다가 1894년 공사를 시작하여 1898년에 가서야 축성되었다. 지금은 주변의 고층 건물에 둘러싸여 멀리서는 잘 안 보이지만 110여 년 전 처음 축성되었을 때의 명동성당은 너무나 위풍당당한 모습을 자랑했다. 명동성당은 평지가 아닌 언덕 위에 자리 잡고 있어 당시에는 훨씬 더 눈에 잘 띄었다. 한마디로 말해서 명동성당의 축성은 한양의 스카이라인을 바꿔 놓은 사건이었다.

언덕 위 높은 곳에 종을 매달아 놓았다고 해서 그곳을 종현이라 불렀고 성당 이름도 처음에는 종현성당이었는데, 1945년 해방을 맞아 성당 이름을 종현대성당에서 명동대성당으로 바꾸었다. 일제 말기에 전쟁 물자가 부족하자 일제는 각 가정의 부엌까지 뒤져 놋그릇을 빼앗아 갔는데, 명동성당의 종마저 빼앗아 가려

했다. 노기남 주교는 친일 혐의에서 자유롭지 못하지만, 완강히 버텨 종을 내주지는 않았다. 그러나 명동성당은 해방의 그날까지 이 종을 칠 수 없었다.

일반인들에게는 잘 알려져 있지 않지만 명동성당의 지하에는 유럽의 성당이 그렇듯이 성자들의 유해가 모셔진 지하 묘지가 있는데, 이곳에 모셔진 분들은 병인박해 때 순교한 분들이라고 한다. 사대문 안에 묘를 쓰지 않는 조선의 법도도 개화와 외세의 힘 앞에 속절없이 물러설 수밖에 없었다.

백병원 쪽에서 명동성당 입구에 이르면 이곳이 바로 열아홉 살 먹은 이재명이 1909년 12월 22일 이완용을 찌른 곳이라는 표지석이 서 있다. 이재명의 칼에 찔린 인력거꾼은 목숨을 잃었으나 이완용은 어깨와 등을 칼에 찔려 많은 양의 피를 흘리고도 요행히 목숨을 부지했다. 이재명은 강제 병합 직후인 1910년 9월 13일 서대문형무소에서 사형이 집행되었다.

한국의 천주교회는 독립운동에 기여한 바가 별로 없다. 그러나 민주화 운동에 대해서는 천주교의 역할을 떠나서 한국 민주화 운동을 생각할 수 없을 만큼 엄청난 기여를 했다. 1960년 4월 혁명 이후 민주당 정부를 이끈 장면 총리는 독실한 천주교 신자였고, 민주당 정권과 천주교회는 깊은 관계를 맺고 있었다. 그랬기에 민주당 정권을 전복한 박정희 정권에 대해서는 불편한 관계에 있었다고 할 수 있다. 여기에 지난 2009년 1월에 선종하신 김수환 추기경이 천주교의 젊은 지도자로 등장했다. 1969년 4월 30일에 그는 47세의 젊은 나이로 추기경에 서임된 것이다.

현대 한국의 종교 지도자 중에서 김수환 추기경만큼 교파를 초월하여 광범한 지지와 존경을 받은 분을 찾아보기 힘들다. 유신 이후 모든 사람이 겁에 질려 침묵에 빠져 있을 때 유신 정권을 정면에서 비판한 것도 김수환 추기경을 비롯한 양심적인 종교인들이었다.

1970년대 초반까지만 해도 공중파 방송들이 12월 24일 밤의 성탄절 미사를 중계하고는 했는데, 1971년 성탄절 미사 생중계에서 김수환 추기경은 "만일 현재의 사회 부조리를 극복하지 못하면 우리나라는 독재 아니면 폭력 혁명이란 양자택일의 기막힌 운명에 직면"할지도 모른다고 강도 높게 박정희 정권을 비판했다. 생중계는 중단되었고 이듬해부터는 성탄절 미사의 생중계를 텔레비전에서 볼 수 없었다. 1970년대와 1980년대에 걸쳐 김수환 추기경만큼 민주화 운동의 정신적 지주 역할을 해 준 사람은 없었고, 명동성당만큼 민주화 운동의 역사적 현장이 된 곳도 없었다.

박정희 정권은 1974년 원주 교구의 지학순 주교를 반유신 운동을 하는 민청학련의 학생들에게 시위 자금을 주었다는 이유로 구속해 버렸다. 이 만행은 젊은 신부들을 자극하여 천주교정의구현사제단이 결성되는 계기가 되었다. 이후 사제단은 어둠을 밝히는 촛불이 되고 고통 받는 사람들을 위로해 주는 따뜻한 손길이 되었다. 박정희 정권이 인혁당 사건을 조작하여 여덟 명을 사형에 처했을 때도 문정현 신부 등 사제들이 강력히 항의했다. 1970년대의 민주화 운동에서는 종교계의 역할이 특히 컸는데, 이는 종교인들의 경우 용공 시비에서 비교적 자유로울 수 있었으며,

명동성당은 민주화의 성지이자 민주 시민의 마음의 고향이었다.

외국과의 유대도 깊었기 때문이다.

  인혁당 사건 관련자들에 대한 사형 집행 직후, 사이공이 함락되고 남베트남이 북베트남에 병합되었다. 이 사건은 한국에도 충격을 주어 한동안 민주화 운동이 약화되었다. 특히 선명 야당을 표방하면서 반유신 투쟁에 앞장섰던 신민당 총재 김영삼은 박정희와의 영수 회담 이후 갑자기 흐물흐물해져 버렸다. 위축되어 있던 민주화 운동은 1976년 3월 1일 명동성당에서 거행된 3·1절 기념 미사를 통해 되살아났다.

  이 미사에 이은 천주교와 개신교의 합동 기도회에서는 윤보선, 김대중, 함석헌, 정일형, 김관석, 윤반웅, 문동환, 이문영, 안병무, 서남동, 이우정, 은명기 씨 등 열두 명이 서명한 '민주구국선언'이 발표되었는데, 이 선언은 박정희의 사퇴를 직접 요구했다. 기도회는 평온하게 끝났지만 중앙정보부는 다음 날부터 연행을 시작하여 관련자 열한 명을 구속했다. 시위도 농성도 없는 조용한 기도회였지만 유신 정권은 이를 '정부 전복 선동 사건'으로 규정했다. 이 사건은 이후 명동 3·1사건이라 불리게 되었다.

이제는 닫혀 버린 우리들의 아고라

명동성당은 1987년 6월 항쟁에서도 중심적인 역사의 현장이 되었다. 6월 항쟁의 발단은 1987년 1월 14일 박종철이라는 대학생이 남영동에 위치한 치안본부 대공 분실에서 고문을 받다가 숨진 데서 찾을 수 있다. 한국의 시민들은 이 비극적인 죽음을 흘려보내지 않았다.

종철이의 어머니와 누나가 울면서 종을 치는 사진은 보는 이의 심장을 멈춰 버렸고, 종철이를 강물에 띄워 보내며 아버지가 하신 말씀 "종철아 잘 가그레이, 이 애비는 아무 할 말이 없데이"는 이 땅의 모든 아버지들의 가슴을 텅 비게 만들었다.

5공 정권은 처음에는 책상을 탁 하고 치니 억 하고 죽었다고 말도 안 되는 소리로 고문 사실을 부인했지만, 결국 고문 경관 두 명을 구속하지 않을 수 없었다. 그런데 천주교 정의구현전국사제단은 5월 18일 명동성당에서 열린 광주 항쟁 7주기 추모 미사에서 "박종철 군 고문 치사 사건의 진상이 조작되었다"는 성명을 발표하여 큰 충격을 주었다.

이렇게 6월 항쟁의 직접적인 도화선을 제공한 명동성당은 6월 10일 다시 한 번 시대의 흐름을 바꿔 놓는 역사의 현장이 되었다. 6월 10일의 국민대회는 매우 성공적으로 치러졌다. 대부분의 시민들은 오래간만에 제대로 데모 한번 했다고 흐뭇해하며 집으로 돌아갔지만, 명동 일대에서 데모를 한 수백 명의 시민과 청년 학생들은 그대로 발길을 돌릴 수 없었다.

누군가가 "명동성당으로 가자"라고 외쳤고 시위대는 아무 계획도 없이, 아무 준비도 없이, 아무런 지도부도 없이 그냥 명동성당으로 몰려갔다. 농성은 그렇게 시작되었고, 이 농성이 없었더라면 1987년에 그 뜨거운 6월 항쟁이 가능했을는지 아무도 장담할 수 없을 것이다.

아무런 준비 없이 농성을 시작한 시민 학생들을 따뜻하게 맞아 준 사람들은 이들보다 먼저 명동성당에서 농성을 하고 있던 상계동 철거민들이었다. 집을 철거당한 빈민들이 장기 농성하기 위해 가져온 쌀로 지어 준 밥을 먹으며 시위대는 명동성당에서 버텼고, 이것이 6월 항쟁의 불씨가 된 것이다. 한마디로 6월 항쟁은, 한국의 민주화 운동은 빈민들에게 큰 빚을 지고 있는 것이다. 민주화 운동은 노동자 농민 빈민들의 요구를 반영했을 때 힘을 발휘할 수 있었고, 이들과 동떨어진 채 지식인이나 운동가 들만의 민주화가 되었을 때 힘을 잃었다.

1980년대, 특히 1987년은 민주화 운동에서 명동성당이 가장 돋보인 시기였다. 그러나 1980년대는 명동성당 홈페이지의 공식 설명에서 서술하고 있는 바와 같이 "1980년 광주를 체험한 세대들은 1970년대식의 '피신처로서의 교회'의 울타리를 박차고 나가 독자적인 운동 조직들을 결성하기 시작했고, 교회의 정치적 역할은 상대적으로 감소하는 추세"를 경험하고 있었다.

한편 1987년 6월 항쟁으로 아주 제한적이지만 민주화의 초보적인 요구가 실현되면서 새 세대의 청년 학생들은 통일이라는 새로운 과제를 제기했다. 명동성당은 아주 비극적인 형태로 통일이라는 새로운 과제가 민족 민주 운동의 중심 과제로 떠오르는 장면을 목격해야 했다. 명동성당 청년 연합회 소속 가톨릭 민속 연구회에서 활동하던 대학생 조성만이 명동성당 문화관 옥상에서 할복 투신한 것이다.

"척박한 땅, 한반도에서 태어나 인간을 사랑하고자 했던 한 인간이 조국 통일을 염원하며 이 글을 드립니다"로 시작하여 "지금 이 순간에도 떠오른 아버님, 어머님 얼굴 차마 떠날 수 없는 길을 떠나고자 하는 순간에 척박한 팔레스티나에 목수의 아들로 태어난 한 인간이 고행 전에 느낀 마음을 알 것도 같습니다"로 끝난 그의 절절한 유서는 많은 사람들의 가슴을 열어 통일 문제를 살아남은 자들의 심장 속에 박아 놓았다.

시민들이 광장을 빼앗겼던 시절, 시민들이 다른 어떤 피난처도 갖지 못했던 암울했던 군사독재 시절, 명동성당은 가슴에 맺힌 한을 토로할 수 있는 아고라였고, 상처 입은 짐승이 쫓기고 쫓겨 오르는 나무 끝과도 같은 곳이었다. 이것은 명동성당이나 천주교회가 원해서 그렇게 된 것만은 아니다. 그것은 시대의 요구였고, 시민들은 진짜 달리 갈 데가 없었다.

6월 항쟁 이후에도 많은 사람들이 자신들의 문제를 안고 명동성당을 찾았다. 그러나 시대가 변하면서 천주교회와 명동성당의 태도도 점점 변해 갔다. 명동성당은 민주화의 성지였고 종교를 초월하여 민주 시민들에게 마음의 고향이었다. 그러나 고향의 땅 주인은 따로 있었다. 성당은 더 이상 갈 곳 없어 찾아온 사람들을 따뜻하게 받아들이지 않았다. 농성장으로 건물을 내주지도 않았고, 시설물을 이용하는 것도 쉽지 않았다.

언제부터인가 농성이나 기자회견 장소는 명동성당이 아니라 명동성당 들머리로 변해 버렸다. 국가보안법 폐지 등으로 단식농성을 할 때 많은 사람들은 길 건너 중국집에서 사람을 미치게 만드는 짜장면 냄새보다도 변해 버린 마음의 고향 때문에 더 힘

들어하고는 했다. 명동성당의 아름다운 모습은 그대로이고, 성모 마리아상의 연민의 눈길도 그대로이고, 짜장면 냄새도 그대로이 건만…….

ⓒ 연합뉴스

광장이 없으면 민주주의도 없었다. 물론 독재자도 광장을 필요로 한다. 광장 가득 사람을 채워 놓고 "하일 히틀러"를 외치는 장면은 민주 시민들에게는 소름이 끼치지만 독재자 개인에게는 참으로 짜릿한 순간이었을 것이다. 반드시 필요한 곳, 그러나 평시에는 비어 있는 곳, 이것이 광장이다.
　사람이 있어야 재미있고, 사람이 많아야 자꾸 가고 싶은 곳, 그곳이 광장이다. 서울의 한복판, 광화문에서 서울역까지는 광장의 거리라고 해도 과언이 아니다. 광화문 광장에서부터 청계 광장, 시청 앞의 서울 광장, 남대문 앞 광장, 서울역 광장에 이르기까지 광장 다섯 개가 연이어 있다. 남대문 앞 광장에서는 특별히 집회를 해 본 경험이 없지만 다른 곳들은 유달리 굴곡진 한국 현대사 덕에 시민 단체 활동을 활발히 하는 사람들이라면 다 몇 번씩은 그곳에서 벌어진 집회에 참석해 본 경험이 있을 것이다. 오늘은 이들 광장 중 광화문 광장, 청계 광장, 서울 광장을 둘러볼 것이다.

　민주주의의 역사는 모두 광장에서 이루어졌다. 그런 의미에서 광장은 도시공학자들이 만드는 것이 아니라 민중들이 만든 공간이었다. 불행하게도 한국의 현대사는 오랫동안 광장을 빼앗겼었다. 언제부터인가 사람들이 모일 수 있는 광장은 여의도의 5·16광장 하나밖에 남지 않았다.

　민주주의를 짓밟은 군사 반란의 날짜를 붙인 흉측한 이름처럼, 이 광장은 민주주의가 살아 숨 쉬는 곳이 아니라 정권을 찬양하는 자들만이 모이거나, 또는 그들이 소집한 집회나 열리는 곳이 되어 버렸다. 내가 중, 고등학생 시절을 보낸 유신 시대에는 연례행사처럼 5·16광장에 마포부터 걸어가 김일성 허수아비를 불태우곤 했다. 이 시절 광장은 동원된 사람들이 가던 곳이었다. 언제 무슨 집회가 있는지를 찾아 사람들이 제 발로 가족이나 친구 들과 삼삼오오 모여들던 21세기의 광장과는 그 분위기가 완전 달랐다.

광장을 빼앗겼던 시대

유신 시절은 정말 숨이 막혔었다. 억울하게 사형당한 인혁당 가족들이 신문사를 돌아다니며 우표 딱지만 하게라도 좋으니 제발 자기네 억울한 사정을 신문에 실어 달라고 부탁을 했건만 어느 신문도 그런 사연을 실어 주지 않았다. 대학 캠퍼스 내에조차 사복 경찰 수백 명이 벤치에 앉아 있고, 로마 병정 같은 진압복을 입은 경찰들도 10여 대씩 차를 대 놓고 있던 실정이었다. 소통은 완벽하게 차단되었다.

학내 시위조차 중형으로 다스려지던 시절, 일부 대학생들은 그럴 바에야 각 대학이 연합해서 광화문에서 데모를 하자고 모의했다. 1978년 6월 26일 광화문에서는 서울 시내 대학생들의 연합 시위가 개최되었는데, 워낙 경비가 삼엄하여 데모랄 것도 없이 진압되고 말았다. 그때 아스팔트를 밟았던 사람들 중 잡혀간 학생들 20여 명은 1년 내지 2년의 징역을 살아야 했다. 1964년 '6·3사태' 이후 학생 시위대가 광화문까지 진출한 적은 거의 없었는데, 이번에는 개별 학생들이 광화문에 모여 있다가 기습적으로 시위를 단행한 것이다. 그런데 그렇게라도 아스팔트를 밟은 것이 죄가 되어 1년 이상 콩밥을 먹어야 했으니, 광화문은 그렇게 엄청난 곳이었고, 유신은 또 그렇게 지독한 독재였다.

그 박정희가 죽고 나서도 학생들이 광화문을 다시 밟은 것은 반년 이상이 흐른 다음이었다. 유신의 긴 겨울이 끝나고 1980년 '서울의 봄'이 왔건만, 학생들은 가두 진출을 놓고 오랜 논쟁만을 벌이고 있었다. 학생들이 거리로 나서면 군을 자극하게 될 것이고, 군이 뛰쳐나올 명분을 줄 것이라고 우려하는 사람들이 많았던 것이다. 논쟁이 가열되어도 결론은 나지 않던 차에 일부 대학생이 거리로 나섰다. 학생들의 가두 진출이 기정사실화 되고 나서 다음 날인 5월 14일에는 서울 시내의 모든 대학에서 학생들이 거리로 쏟아져 나왔다. '서울의 봄'이라는 특수한 상황 탓이었는지, 학생들의 가두 진출을 속으로는 바라고 있던 신군부의

2009년 5월 26일 낮, 서울 덕수궁 앞에 마련된 고 노무현 전 대통령 분향소를 에워싸고 있던 경찰 버스 '차 벽' 대신 경찰관들로 폴리스 라인이 설치된 가운데 여전히 서울 광장은 경찰 버스로 봉쇄되어 있다. ⓒ 오마이뉴스

작전 탓이었는지 모르지만, 학생들은 그날 저녁 광화문 일대를 휘저을 수 있었다. 다음 날도 학생들은 거리로 진출했다. 이번에는 경찰이 남대문 일대에 저지선을 쳤고 학생들은 서울역 광장을 가득 메웠다. 그리고 이른바 '서울역 회군' 결정이 내려졌고, 이틀 후 신군부는 5·17 비상계엄 전국 확대 조치를 취했다. 그리고 광주를 거쳐 우리는 민주주의와 광장을 같이 잃었다.

1987년 6월 항쟁 때 우리는 다시 광장을 밟았다. 최루탄에 희생된 이한열 군을 떠나보내던 날이었다. 참 악랄했던 군사독재 정권은 독재 권력에 항거하다 희생된 분들의 시신을 탈취해 가는 일이 종종 있었다. 이한열 군이 숨을 거둔 뒤에는 그런 두려움 때문에 수많은 청년 학생들이 신촌 세브란스 병원 부근에서 이틀씩, 사흘씩 밤을 지새웠다. 그 덕에 숙연한 영결식장의 모습과 어울리지 않게 많은 젊은이들이 병든 닭처럼 꾸벅꾸벅 졸기도 했다. 한열이의 영정을 앞세운 영구 행렬을 따라 100만 인파가 시청 앞 광장을 가득 메웠다. 6월 항쟁 기간 내내 혹시 한열이가 잘못되면 어떡하나 하고 학생들은 학생들대로, 군사정권은 군사정권대로 마음을 졸였다. 걷잡을 수 없는 사태가 일어날지도 모른다는 우려 때문이었다. 한열이는 직선제를 수용한다는 노태우의 발표, 즉 6·29선언이 있고 나서야 하늘나라로 갔다.

   그 한열이를 보내는 길에 아무도 예상하지 못한 100만 인파가 몰렸다. 그 시절 나는 6월 항쟁의 한 달간 최루가스에 단련될 대로 단련되었다고 생각했지만, 그게 아니었다. 100만 인파의 선두가 시청을 지나 광화문에서 전경들과 대치하기 시작하고 얼마쯤이나 지났을까. 경찰이 페퍼포그를 정신없이 쏴 대기 시작했다. 최루탄 중에서 그래도 견딜 만했던 것이 페퍼포그였건만, 며칠 밤을 지새운 지친 몸은 페퍼포그 한 방에 속절없이 무너져 버렸다. 정말 숨을 쉴 수가 없었다. 무교동 골목으로 도망쳤다가 기운을 추스르고, 혹시 사람들이 다시 모이지 않을까 나와 본 태평로에는 주인 잃은 신발짝만 가득했다. 그 뜨거운 아스팔트 위를 어찌 한쪽 신발만 신고 걸어갔을까? 1987년 이후 뒤뚱거릴 수밖에 없었던 한국 민주주의의 슬픈 걸음걸이가 떠올랐다.

월드컵과 다시 찾은 광장

군사독재 시절 우리는 오랜 기간 광장을 빼앗겼다. 민주화가 시작되고도 독재 정권에 너무 길들여진 탓인지 광장을 되찾을 엄두를 내지 못했다. 평화박물관 대표인 건축가 정기용 선생은 "도심 속에 제대로 된 광장 하나 갖지 못한 시민은 시민이 아니고 주민일 뿐"이라고 말씀하신 바 있다. 우리는 훌륭한 광장이 여러 개나 있어도 거기 발을 딛을 생각을 못 하는 길들여진 주민이었을 뿐이다.

광장은 뜻밖에도 우리의 품으로 왔다. 2002년 월드컵이 시작된 것이다. 신경림 선생의 시구처럼 "못난 놈들은 서로 얼굴만 봐도 흥겹다"고 축구도 모여서 보면 한층 더 재미있는 모양이다. 광화문 네거리에는 동아일보, 조선일보가 설치한 초대형 스크린이 있어 축구를 즐기기에 너무나 훌륭한 곳이었다. 재미있지 않은가? 서울의 한복판에 앉아서 김밥 먹으며 축구를 본다는 게······. 어, 그런데 우리 선수들이 너무너무 잘하는 것이다. 주최국이니 16강은 가능하지 않을까 조심스레 기대했지만 8강에, 4강에 승승장구하니 기쁠 수밖에. 예선에서 탈락했다면 겨우 세 번 모이고 말았을 것을 4강까지 올라가는 바람에 일곱 번이나 광장에 모일 수 있었다. 정부도 시민들이 모여서 즐기는 것을 막을 이유가 없었다. 포르투갈전에서 승리하고 난 뒤에는 자연스럽게 시민들이 밤늦도록 거리를 쏘다녔다.

사람들은 광화문과 시청을 메운 붉은 물결을 보며 이제 대한민

2002년 6월 25일 한국과 독일 월드컵 4강전 당시 거리 응원 현장 ⓒ 오마이뉴스

국이 레드 콤플렉스를 벗어나게 되었다고 이야기했다. 그런데 그 후에 벌어진 일들을 보면 대한민국이 레드 콤플렉스를 벗어난 것 같지는 않다. 다만 시민들, 특히 젊은이들이 광장을 우리 것으로 여기기 시작했다. 광장에 모여 일곱 번이나 웃고 떠들고 노래하고 춤췄던 사람들은 으레 광장은 우리가 모일 수 있는 곳이라고 생각하게 된 것이다. 수십만의 인파가 모여 뜨거운 밤을 보냈어도, 다음 날 아침에 보면 언제 그런 일이 있었냐는 듯이 광장은 깨끗하게 청소되어 있었다. 광장을 즐긴 사람들이 뒷마무리도 잘 해 놓은 것이다. 이를 보며 모두들 언제든 우리가 광장을 아무 탈 없이 쓸 수 있다는 자신감을 가졌을 것이다. 월드컵의 경험은 레

드 콤플렉스를 몰아내지 못했는지는 몰라도 이제 광장은 바로 우리 자신의 것이라는 사실을 확인해 주었다.

여중생 사건과 광장의 부활

광장은 축제의 장이지만, 토론의 장이고 또한 슬픔을 나누는 장이기도 하다. 월드컵이 기쁨을 함께하여 기쁨을 두 배로 만드는 그런 광장을 찾아 주었다면, 그해 11월과 12월에 열린 미군 장갑차에 의해 희생된 두 여중생을 추모하는 촛불 집회는 견딜 수 없는 슬픔을 가진 사람들이 모여 서로 위로 받고 치유해 주는 공간으로서의 광장을 우리에게 돌려주었다.

우리가 월드컵의 열기에 후끈 달아 있던 6월 13일 경기도 양주에서는 미군 장갑차에 길 가던 여중생 두 명이 치어 목숨을 잃는 불행한 사건이 일어났다. 이 사건은 일부 시민운동 단체와 지역의 또래 학생들이 끈질기게 문제 제기를 했지만 전국적인 관심을 끌지는 못했다. 그러던 차에 재판에 회부된 장갑차 운전 미군 병사들이 11월에 이르러 모두 무죄로 풀려나면서 여론의 주목을 받게 되었다.

길 가던 아이들이 둘이나 죽었는데 아무의 잘못도 아니라니, 그럼 그때 그 길을 지나간 아이들 잘못이기라도 하단 말인가. 너무나 어처구니없는 현실에 시민들은 할 말을 잃었다. 그때 앙마라는 아이디를 쓰는 청년이 인터넷으로 두 소녀의 넋을 기리는

2002년 마지막 밤 광화문에 미군 장갑차에 숨진 효순, 미선 양을 추모하기 위해 모인 시민들이 촛불 시위를 벌이는 모습 ⓒ 오마이뉴스

촛불 집회를 열자고 제안했다. 그 제안문에서 앙마는 "우린 광화문을 걸을 자격이 있는 대한민국의 주인들입니다"라고 강조했다.

우리가 광장을 잃어버렸던 동안, 우리에게는 또 다른 광장이 생겨났다. 바로 인터넷이었다. 앙마의 제안은 인터넷을 통해 여기저기 퍼져 나갔다. 네티즌들은 이 글을 자기가 자주 가는 카페, 동호회, 커뮤니티, 클럽 등에 부지런히 퍼 날랐다. 아무런 주최도, 준비 단체도, 사전 계획도 없이 첫 번째 제안이 나온 지 사흘 만에 광화문에 1만 개의 촛불이 타올랐다. 생각지 못한 민주주의를 우리는 시청 앞에서 다시 만났다. 〈한겨레21〉은 그때의 광경을 이렇게 적었다.

즉석에서 앰프를 빌리고, 마이크를 빌리고, 사회자를 뽑고, 마치 양촌리 김 회장 잔칫집 풍경이었어. 프로그램이 뭐가 있었겠어. 그저 말하고 싶은 사람 앞으로 나와 "미군 미워여", "부시 싫어여", "소파 허접해여" 막 이러구 사람들은 박수 치고……. 게다가 "앞으로 일주일에 몇 번 모일까여 다수결로 결정합시다." 이러니까 사람들이 거수하고 그거 사회자가 카운트하더니 일주일 한 번 집회로 쾅쾅 결정 내리고. 이거 진짜 골 때리는 풍경이었어. 근데 이게 진짜 민주주의거덩. 간접민주주의라는 거 투표권 한 장이 고무신 하나랑 맞바꿔지는 웃긴 짬뽕인데, 사람들이 너나없이 발언하고 그 발언이 또 정책 결정에 반영되고, 이거 진짜 아름다운 모습이었다. 삼촌 생전, 연애 수만큼 수백 번 집회를 들락거려 봤지만 이런 대규모 집회에서 이런 정경은 처음이었다. 이제 2500년 전 아크로폴

리스가 광화문에 부활했다는 걸 알겠지.

(《한겨레21》 437호, '떠나라, 그 감동의 메아리')

발랄한 응징이 넘치는 광장

미선이 효순이 추모 집회로 광장을 되찾은 대중들은 1년이 조금 지나 다시 광장에 섰다. 노무현 대통령이 탄핵당한 것이다. 2004년 3월 12일, 탄핵이 가결된 날의 여의도는 절규와 통곡과 몸부림뿐이었다. 1991년 강경대 군이 전경에 맞아 죽고 난 뒤의 분신 정국 같은 비극적인 일이 되풀이되는 것이 아닌가 하는 걱정이 들 정도였다. 대중들도 분노와 참담함으로 광화문 네거리에 나왔다. 그런데! 먼저 나온 사람들이 만들어 놓은 광장의 분위기는 영 딴판이었다. 흥겨운 춤판이 벌어져 있고, 무대에서는 '브라보, 브라보, 아빠의 청춘' 같은 신나는 노래가 나오고 있었다. 2002년의 촛불 시위 때 더 많은 인파가 모였지만, 이런 분위기는 아니었다.

아무리 못난 놈들은 서로 얼굴만 봐도 흥겹다지만 미선이, 효순이의 죽음을 추모하는 자리가 흥겨울 수는 없지 않은가? 그러나 탄핵 때는 달라도 한참 달랐다. 우리가 다시 찾은 광장과 인터넷에서 만들어 가고 있는 새로운 광장에서는 발랄한 보복과 유쾌한 응징이 넘쳐 났다. 탄핵 반대 집회는 축제였다. 다가올 총선에서 민주주의의 승리를 확실히 보여 줄 수 있다는 자신감은 내 손으로 뽑은 대통령이 탄핵당해 위기에 처해 있다는 불안감을 떨쳐

2004년 3월 20일 광화문 서울 시청 앞 플라자호텔에서 내려다본 탄핵 무효 촛불 행사 전경. 광화문에서 덕수궁 대한문 앞까지 촛불이 바다를 이루고 있다. ⓒ 오마이뉴스

버리기에 충분했다. 경찰과의 긴장도 별로 없었다. 대중들은 승리를 예매해 놓았으니 느긋했고, 경찰에 대한 지휘권은 대중들이 구하려는 참여정부에 있었으니 대중과 경찰이 충돌할 일도 없었다. 그래서일까? 대중들은 밤이 되면 다들 집으로 돌아가 느긋하게 잠을 잤다. 아직 광장은 대중들이 밤도 새고 잠도 자는 곳으로까지 진화하지는 못했다.

2008년의 촛불 집회에서 대중과 광장은 정말 새롭게 거듭났다. 촛불은 처음 광장의 막내인 청계 광장에서 시작되었다. 처음 여학생들이 청계 광장에서 모이자는 글을 인터넷에 올렸을 때 누구도 사람들이 많이 모일 것이라고는 예상하지 못했다. 그런데 1만 명이 모였고, 모임이 발랄하고 재미있다 보니 매일매일 모이게 되었고, 모이는 사람의 숫자도 늘어났다. 매일 청계 광장에 모이기를 열일곱 번, 집회에서 외친 구호마냥 "귓구녕에 공구리를 쳤는지" MB는 소통이 안 되었다고 사과는 해도 대화는 하려 하지 않았다. 친한 친구에게도 열일곱 번을 얘기했는데 아무 반응이 없으면 그 사이는 깨지기 마련이다.

누군가가 청와대로 가자고 외쳤고, 대열은 자연스럽게 청계 광장을 빠져나왔다. 그렇다고 멀리 간 것은 아니었다. 그저 한 블록 옆의 광화문 우체국 앞으로 옮겼을 뿐이다. 경찰이 막아섰는데 대중들은 그것을 돌파하려는 적극적인 의지를 보이지는 않았다. 대신 대중들은 경찰 저지선 앞에 주저앉았고, 집에 가려 하지 않았다. 처음에는 대중들이 시국 토론을 벌이더니 한쪽에서는 노래 자랑 모드에 들어가고 다른 쪽에서는 친구들끼리 편의점에서 맥주 캔 몇 개 사다가 홀짝이기 시작했다. 도시의 매연도 가라앉은 늦은 봄의 깊은 밤에 광화문 네거리에 주저앉아 맥주를 마시는 상큼함이라니……. 미선이 효순이 추모 집회 때도, 탄핵 반대 집회 때도 이 광장이 우리 것이구나 하는 느낌이 들긴 했지만, 광화문 네거리에 퍼질러 앉아 맥주 한 모금을 들이켜고 보니 정말 이 광장은 우리의 것이었다.

6월 10일의 촛불 집회에는 아마도 광화문 네거리부터 숭례문 광장까지 사람을 가득 채우면 모두 몇 명이나 들어가는지 시험해 보기 위해 마련된 집회인 것 같았다. 어떤 카메라의 어떤 앵글도 그날 모인 사람들을 다 잡아낼 수 없었다. 사람이 많이 모이는 곳이 광장이라지만 어떻게 이렇게 많은 사람이 모일 수 있을까? 통상적인 집회라면 민주노총이니 전교조니 한총련이니 하는 깃발들만 나부꼈겠지만, 이날은 달랐다. 미선이 효순이 추모 집회 당시의 깃발 논쟁이나 촛불 집회 초기의 깃발 논쟁은 이미 의미를 잃은 듯싶었다. 정치와는 아무 상관도 없는, 이름도 생소한 인터넷의 다양한 동호회가 저마다 자기네 깃발을 개성 있게 만들어 나왔다. 깃발이라도 없다면 저 엄청난 군중 속에서 자기가 속한 동호회를 어찌 찾을 수 있을까?

시위대가 경복궁 앞까지 진출한 5월 31일 밤은 한국전쟁 때를 제외하고는 아마도 사상 최대의 인파가 노숙을 했던 날일 것이다. 광장이 거대한 국민 MT 장소로 변했다. 이제 사람들은 아예 캠핑 준비를 해서 시청 앞 광장을 찾기도 했다. 집회도 하고, 시위도 하고, 토론도 하고, 노래도 부르고, 춤도 추고, 공연도 하고,

동영상도 돌리고, 물건도 팔고, 서명도 받고, 술도 마시고, 잠도 자고, 싸돌아다니기도 하고, 광장은 참으로 별의별 사람들이 모여 별의별 짓을 다 하는 그런 공간이었다. 그 많은 사람들은 왜 집에 가지 않았을까? 집보다 광장이 더 재미있었기 때문이다. 어떤 영화도 흉내 낼 수 없는 극적인 역사가 우리 자신의 손에 의해서 만들어지고 있었다. 대통령은 잘못 뽑았지만 광장에 발을 딛고 있는 한 우리는 행복했다.

빼앗긴 광장

촛불 시위는 비폭력의 힘을 보여 주었다. 비폭력이었기에 경찰도 폭력적인 진압을 하기 어려웠고, 경찰의 폭력이 없는 안전한 축제였기에 사람들은 가족과 함께 나오고, 젊은 엄마들은 아이를 유모차에 태워 나왔다. 안전하기 때문에 많은 사람들이 마음 놓고 참여했고, 많은 사람들이 참여했기 때문에 집회는 더 안전해졌다. 이렇게 탄력이 붙어 가는 촛불 집회를 MB정권은 견딜 수 없었다. 촛불 집회에 워낙 많은 사람들이 모이다 보니 일부 사람들 중에 경찰과의 저지선에서 약간의 폭력을 행사하는 사람들이 간혹 있었다. 정부와 수구 언론은 이를 빌미로 촛불 집회에 폭력 집회라는 딱지를 붙이려 했다. 이것은 터무니없는 핑계였지만 5월과 6월 두 달간의 축제는 경찰이 마구잡이 폭력을 행사하면서 끝나기 시작했다.

경찰의 폭력에 밀려 시민들은 광장을 빼앗겼다. 이제 광장에는 보기 흉한 차 벽이 세워졌다. '명박산성'은 조롱거리였지만 우리의 광장을 뺑 둘러 막아선 버스의 차 벽은 우리의 가슴에 아픈 상처를 남겼다. 우리는 다시 광장을 빼앗긴 것이다. 광장을 빼앗긴 것은 대중들의 토론을 빼앗긴 것이고, 대중들의 소통을 빼앗긴 것이고, 대중들의 축제를 빼앗긴 것이고, 우리 모두의 민주주의를 빼앗긴 것이다.

대중들이 이 광장에 다시 선 것은 2009년 5월 29일, 노무현 대통령을 떠나보내기 위해서였다. 기쁨과 발랄함이 넘치던 광장은 눈물의 바다가 되었다. 장례 기간 내내 차 벽이 쳐 있던 광장은 이날 딱 하루 열렸다. 1919년 고종 황제가 돌아가셨을 때 슬픈 백성들은 이 광장을 찾았다. 그 흉악한 일제도 나라 잃은 백성들이 통곡할 공간마저 빼앗지는 않았다. 그런데 MB정권은 장례식 딱 하루만 광장을 열었을 뿐이다. 장례가 끝난 다음 날인 5월 30일 새벽 경찰은 대한문 앞 빈소를 때려 부수었고, 광장에는 다시 차 벽을 쳤다.

국상이 끝난 밤, 나는 광장에서 취하도록 술을 마셨다. 근 1년 만에 밟아 보는 정든 아스팔트였다. 누군가가 다시 광장에 선 감회가 어떠냐고 물어 왔다. 나는 이렇게 답했다. "이게 우리 광장인데, 우리 광장에 다시 서기가 이렇게 힘드네요. 노무현 대통령을 바치고서야 우리가 겨우 한 번 이 광장을 밟아 보네요. 이게 이렇게 비싼 땅이네요." 빼앗긴 광장, 빼앗겨서 더 소중한 광장, 텅 빈 광장의 구석에서 나는 다시 찾을 민주주의를 생각해 본다.

2009년 5월 29일 고 노무현 전 대통령의 노제가 열릴 예정인 서울 광장에 노 전 대통령을 추모하는 노란색 모자에 노란색 풍선을 든 시민들이 가득 차 있다. ⓒ 오마이뉴스

외래 문물이 상륙하던 관문
인천
차이나타운과 자유공원

서울에는 없는 것 없이 모든 게 다 있다. 그런 서울에 없는 것을 꼽아 보라면 차이나타운을 들 수 있다. 동남아시아에 가 보면 화려한 차이나타운이 있고, 화교들이 상권을 장악하거나 장악까지는 아니더라도 그 나라 경제에서 중요한 비중을 차지하는 일을 어렵지 않게 볼 수 있다. 그런데 한국은 화교들이 상권을 장악하기는커녕 변변한 경제활동을 하지 못하고 있고, 차이나타운도 없다. 아니 없다기보다 없어졌다고 하는 것이 정확할 것이다.

한국의 유일한 차이나타운

서울에도 서울의 한복판 소공동, 북창동, 명동 일대가 차이나타운이었다. 소공동이라면 덕수궁 앞이니 대궐 바로 앞에서부터 차이나타운이 형성된 셈이다. 서울에서 땅값이 가장 비싼 곳에 자리 잡고 있던 서울의 차이나타운은 1970년대 초반 박정희 정권의 개발 정책과 화교에 대한 탄압과 차별에 밀려 사라지고 말았다. 내가 어린 시절에는 지금 플라자호텔 뒤에 있는 취영루에 가서 물만두를 먹는 것이 호화 외식이었고, 어쩌다 지금 롯데호텔 자리에 있던 아서원에 가서 '청요리'라도 먹게 되면 최고의 호사를 누리는 것이었다.

화교들이 솜씨를 뽐내던 유서 깊은 '중국집'은 개발에 밀려 문을 닫거나 연희동, 연남동 일대로 밀려났다. 지금도 연희동 일대에 가면 드문드문 '화상華商'이라 쓴 '중국집'을 볼 수 있다. 우리네 언어 습관에서 일본 음식을 파는 집은 일식집 또는 화식집이고 서양 음식을 파는 집은 양식집이라고 부르거나 나라 이름을 붙여 프랑스 음식점, 이태리 음식점 등으로 부른다. 그런데 중국 음식을 파는 곳은 '중국집'이다. 1970년대 초반 한국 화교의 근 80퍼센트가 중국 음식점에 종사하고 있었으니 그런 말도 나올 법했다.

서울을 비롯하여 도시마다 중심가에 자리 잡고 있던 차이나타운은 다 없어지고 인천 한 군데만 남았다. 인천은 1876년 가장 먼저 개항한 곳이라 중국인과 일본인이 많이 들어와 살았고, 우리나라에서 처음으로 차이나타운이 생긴 곳이다. 인천의 차이나타운은 바로 인천역 앞에 있다. 1930년대 경성의 한량들에게는 기차 타고 인천으로 와 청요리를 먹고 월미도에서 뱃놀이를 하는 것이 하나의 유행처럼 번졌다고들 한다. 지하철 1호선의 종착역인 인천역 역사는 요즘 화려하고 포스트모던하게 신축한 여느 대

도시의 역사와는 달리 아주 퇴락한 모습을 띠고 있다.

역 광장 정면에는 차이나타운이 있는 곳을 알리는 패루가 우뚝 서 있다. 패루란 동종 사업에 종사하는 사람들이 살던 동네인 방坊의 입구에 세웠던 문루인데, 세계 곳곳의 차이나타운에 가 보면 어김없이 입구에 패루가 서 있다. 그런데 지금 우리가 보는 패루는 오래된 것이 아니고 2000년에 가서야 중국 웨이하이 시의 기증으로 세워진 것이다. 패루를 지나 언덕길을 올라가면 울긋불긋한 깃발과 간판이 보이지만, 이들 건물은 대부분 최근 몇 년 사이에 지은 새 집들이다.

인천의 차이나타운도 간신히 명맥을 유지했지만 형편없이 쇠락해 갔는데, 1997년 말의 외환 위기 이후 다시 활기를 찾기 시작했다. 120여 년 동안 여러 가지 차별에 시달려 온 화교들의 처지도 영주권 문제가 해결되는 등 많이 개선되기 시작했다. 그것은 한국 사회가 갑자기 소수자의 인권 옹호에 눈을 떴기 때문에 발생한 결과는 아니었다.

외환 위기 이후 한국은 해외 자본의 유치에 목을 맸고, 그런 과정에서 화교 자본의 유치도 중요한 과제로 떠올랐다. 그런데 한국에 투자하기 위해 현지 사정을 살피러 온 해외의 화교 자본가들은 한국에서 오랜 기간 자행되어 온 화교에 대한 차별과 화교들의 열악한 경제적 처지에 경악했다.

오죽 탄압과 차별이 심했으면 차이나타운도 없고, 변변한 화교 출신 자본가나 저명인사도 없고, 화교 인구가 계속 줄어들고 있느냐는 것이다. 이런 이유로 화교 자본의 유치가 지지부진하자

정부는 서둘러 화교에 대한 법적 제도적 차별을 없애고 이들의 처지를 조금이나마 개선했던 것이다. 한때 뚝섬에 대규모로 차이나운을 만든다는 말도 있었지만 그런 계획은 흐지부지되고 대신 인천의 차이나타운만 때깔을 고치게 되었던 것이다.

'짜장면'의 역사, 화교의 역사

언덕을 올라가 오른쪽으로 틀면 그곳이 차이나타운의 중심 거리인데 이름이 '자장면거리'이다. 언제인가 국어연구원에서 '짜장면'은 표기법상 잘못된 말이고 '자장면'이라고 쓰는 게 맞다고 주장한 이후, 일부 매체나 출판물에서는 자장면이라고 쓰고 있다. 그런데 나는 지금까지 '짜장면'을 파는 음식점에서 '짜장면'을 시켜 먹었지 '자장면'이라는 음식을 먹어 본 적이 없다. 한자음 '작장면炸醬麵'과 '짜장면'의 사이에 있는 역사성이나 한국과 중국에서 사람들이 실제 어떻게 발음하고 있는지를 무시하고 '자장면'을 고집하는 것은 답답한 일이다.

  이곳이 자장면거리로 불리게 된 것은 길이 끝나는 부근의 오른쪽 골목으로 '공화춘'이라는 음식점이 있기 때문이다. 지금은 문을 닫고 퇴락하여 반쯤 지워지고 떨어져 나간 나무 간판만 남아 있지만 공화춘은 꽤 오랜 역사를 지닌 음식점으로, 이곳이 흔히 짜장면을 처음 만들어서 판 곳이라고 알려져 있다. 그런데 최근 SBS에서 방영한 다큐멘터리를 보니 90세 이상의 고령의 화교 주

차이나타운의 중심 자장면거리

방장 출신들은 모두 그런 속설에 고개를 저었다. 짜장면의 역사는 공화춘이 문을 열기 이전부터 시작되었다는 것이다.

짜장면의 역사는 화교의 역사라 해도 과언이 아니다. 전 세계에 널리 퍼져 있는 화교들이 주로 광둥 성, 광시 성 등 중국의 남서 지방 출신들인 반면, 한국의 화교는 산둥 성 출신이 대부분이다. 짜장면은 산둥 성 지방의 음식으로 한국으로 건너와 한국인 입맛에 맞게 변형되었다. 산둥 사람들은 집을 떠날 때 옷감을 자르는 칼, 머리를 자르는 칼, 그리고 음식을 만드는 칼 세 개를 가지고 떠난다는 말이 있는데, 실제 한국의 화교들은 주로 포목점, 이발소, 음식점 등을 많이 경영했다. 그러나 이제 '비단이 장사 왕서방'도 없고, 화교가 경영하던 이발소는 50대 중에도 기억하는 사람이 드물 만큼 진작 사라졌고, 이제는 중국집만 남았을 뿐이다.

어디 사라진 것이 그뿐이랴. 내가 어렸을 때는 화교들이 경영하던 한의원이 많았는데 그때는 한의원을 한자로 漢醫院이라 썼다. 그러던 것이 1986년 의료법을 개정하면서 표기 자체를 韓醫學, 韓醫院, 韓醫師로 고치게 된 것이다. 여기에 한의학 대학이 만들어지고 한의사 면허 취득이 까다로워지고 그보다 결정적으로 외국 국적자의 국가 자격시험 응시가 제한되었기 때문에 漢醫院이나 漢醫師는 사라지게 되었다.

자장면거리에서 제일 크고 오래된 집이 '풍미'인데 풍미의 건너편에는 '동순태'라는 잡화점이 있다. 동순태라면 일제강점기에 조선에서 세금을 가장 많이 낸 탄지에셩譚傑生이라는 화교가 경영하던 무역상이 아닌가. 일본이 중국을 군사적으로 침략해 들어가기 전인 1920년대만 해도 한국 역시 화교들이 대단히 활발한 경제활동을 하고 실업계에서 두각을 나타내고 있었다.

화교들의 처지는 1931년 일본이 만주를 군사적으로 강점하면서 급속히 악화되기 시작했다. 만주 침략이 있기 두 달여 전에는 끔찍한 반중국인 폭동이 일어나 최소 150여 명의 화교들이 목숨을 잃었다. 우리 역사 책에는 이 사건의 도화선이 된 만보산 사건이라는, 만주에서 벌어진 중국인과 조선 이민의 충돌에 대해서는 자세하게 나오지만, 이 사건이 일제의 정보 조작에 의해 국내에 잘못 알려지면서 발생한 반중국인 폭동에 대해서는 한마디도 나오지 않는다.

　우리는 흔히 어디서 시끄러운 일이 벌어지면 "호떡집에 불났다."라고 한다. 이 말이 언제 처음 생겨났는지 알 수 없으나 1931년 7월 초의 반중국인 폭동 때 조선 팔도에 있는 호떡집이란 호떡집은 다 불타거나 부서졌다. 이 당시에 중국 영사관 경내에만 4천여 명의 화교들이 피신했고, 중국으로 돌아간 자가 수만 명이었다 하니 그 다급한 상황을 어찌 다 말로 표현하겠는가.

　1937년 중일전쟁이 일어나면서부터 화교들의 처지는 적성 국가 국민이 되었다. 일제의 패망은 화교들에게 새로운 기회를 가져다주었다. 한국 경제를 지배하던 일본과의 관계는 갑작스럽게 단절되었고, 미국은 너무 멀리 있었다. 그 때문에 중국과의 무역이 대외 무역에서 절대적인 비중을 차지하게 되었고, 화교 무역상들은 막대한 부를 축적했다. 그러나 1949년 중화인민공화국이 수립되면서 남한과 중국과의 관계는 단절된 데다가 이승만의 창고 봉쇄령으로 화교들은 큰 타격을 입었고 한국전쟁 이후 급속히 몰락하게 되었다.

　이승만도 결코 화교에 대해서 우호적이지 않았지만, 중국을 멸시하는 일본식 교육을 철저히 받은 박정희는 진짜 화교들을 철저히 박해했다. 1961년 제정된 '외국인 토지 소유 금지법'은 정부의 승인을 받지 못한 외국인들이 토지를 소유하는 것을 금했는데, 화교 농민 대부분이 정부의 토지 소유 승인을 받지 못함에 따라 시세에 못 미치는 헐값에 토지를 넘겨야 했다. 이에 따라 한편 한국 농업 분야의 채소 생산에서 큰 비중을 차지하던 도시 근교의 중국인 농가들은 거의 자취를 감추게 되었다.

 1962년의 2차 화폐 개혁은 외국인의 은행 구좌 개설이 용이하지 않았던 상황에서 단행되어 그들이 보유한 현금을 하루아침에 휴지 조각으로 만들어 화교들에게 더욱 큰 피해를 입혔다. 1970년에 '외국인 토지 취득 및 관리에 관한 법'이 제정됨에 따라 화교들에게는 1가구당 1주택, 1점포의 소유가 허용되었지만 그나마 집은 200평 이하, 점포는 50평 이하로 제한되었고, 남에게 임대조차 할 수 없었다. 일부 화교들은 토지나 점포를 한국인 국적의 친지나 종업원 이름으로 해 두었다가 그들이 딴마음을 먹어 떼인 경우가 속출했다.

 급속한 경제 성장과 인플레 속에서 부동산의 소유는 가장 중요한 재산 증식 수단이었는데, 박정희 정권하에서 화교들이 여기서 철저히 배제되었던 것이다. 박정희 정권은 물가를 관리한다면서 짜장면 가격을 적극 통제했다. 이명박 정권 역시 서민 생활 안정이라는 명목하에 52개 생필품 가격을 통제하겠다고 했는데 짜장면은 여기에도 들어 있다. 짜장면은 원래 냉면과 값이 비슷했지만 지금은 냉면 절반 값 정도밖에는 안 되고 겨우 라면보다 500~1천 원 정도 비싼 편이다. 내가 초등학교에 입학하던 1966년에 짜장면은 30원이었는데 30원이라면 한국에서 부동산 투기가 본격적으로 시작된 양재동에서 땅 한 평을 살 수 있는 돈이었다. 지금 짜장면 값은 3천 원으로 100배가 오른 반면 양재동의 땅값은 최소 평당 3천만 원으로 100만 배가 뛰었다.

 1973년에 실시된 중국집에서의 쌀밥 판매 금지령은 중국 음식점에서 면 종류만 팔고 볶음밥 등 밥을 팔지 못하게 하여 업소의 판매고 감소를 가져왔으며 많은 화교들로 하여금 "우리는 왜 짜장면밖에 팔 수 없는가" 하는 좌절감을 심어 주었다. 이 조치는 비록 3개월 만에 취소되었으나 박정희 정권이 얼마나 집요하게 화교들을 박해했는가를 잘 보여 준다. 바로 이 무렵부터 화교 인구가 줄어들기 시작했다. 온갖 박해에도 굴하지 않고 꿋꿋하게 버티던 화교들이 도저히 참을 수 없다며 미국으로 이민 가거나 대만으로 떠나기 시작한 것이다. 〈월간조선〉 1991년 8월 호에서는 한 화교가 '우리는 왜 짜장면밖에 팔 수 없는가' 라는 글을 기고하여 화교들에게 가해진 차별을 고발한 바도 있다.

풍미 맞은편으로 언덕을 올라가면 중산학교가 나온다. 인천의 유일한 화교 학교이다. 세계 어디를 가나 화교 사회에서 화교 학교는 커뮤니티 형성의 중심 기구이다. 한국의 화교들이 화교로서의 정체성을 강하게 유지할 수 있는 것은 바로 이 화교 학교 때문이다. 한국은 화교들의 경제활동을 여러모로 제한했지만, 교육에 대해서만큼은 자유방임 정책을 취했다. 지원도 하지 않고 그렇다고 방해도 하지 않고 그냥 내버려 둔 것이다. 화교들은 초, 중, 고 과정을 화교 학교에서 마치는 경우가 많다. 그러나 한국 정부가 화교 학교를 정규 중, 고교로 인정하지 않고 있기 때문에 이들 학교를 나온 화교들이 한국 대학에 진학하기 위해서는 별도로 검정고시를 치러야 한다.

중산이란 중국 혁명의 아버지 손문의 호이다. 중산학교에 게양되어 있는 깃발은 오성홍기가 아니라 청천백일기이다. 재일동포

인천의 유일한 화교 학교인 중산학교. 세계 어디를 가나 화교 사회에서 화교 학교는 커뮤니티 형성의 중심 기구이다.

사회가 민단과 총련으로 나눠져 있는 것처럼 지금 한국의 화교 사회는 친중국과 친타이완으로 나눠져 있다. 1992년 한중 수교 이후 한국에 거주하는 중국인들이 급속히 늘어났는데 이들은 대부분 본토에서 건너온 사람들로 중화인민공화국 국적의 소유자들이다.

전통적인 화교들은 아직 타이완 국적을 갖고 있는 경우가 훨씬 많지만 이들의 고향이 산둥 성인 데다가 중국의 국력과 위상이 하루가 다르게 변하다 보니 반공적인 한국 사회 내에도 친중국을 표방하는 화교들이 등장했다. 중산학교 바로 앞에 있는 전통 중국 과자점은 월병과 공갈빵으로 유명한 복래춘이다. 요즘은 워낙 이것저것 먹을 것이 많아지다 보니 월병이 무엇인지 모르는 사람들도 많지만, 1970년대 초반까지만 해도 월병은 인기 있는 추석 선물이었다.

차이나타운에서 골목 하나를 지나면 갑자기 분위기가 일본풍으로 바뀐다. 일본 조차지가 있던 곳이다. 해방 이후 화교들이 계속 거주했던 차이나타운과는 달리 인천의 재팬타운에 살던 일본인들은 1945년 8월 이후에는 거의 대부분 일본으로 돌아가 버렸다. 그 당시의 일본인 가옥은 이제 거의 남아 있지 않고, 지금 일본풍의 분위기는 1960년대 이후 지은 건물들의 전면에 나무를 대어 일본 느낌이 들도록 한 것이다.

옛 건물로는 서울 소공동의 한국은행과 비슷하게 생긴 옛 조선은행 인천 지점 건물, 제일은행, 18은행 건물 등 당시로서는 제법 큰 석조 건물들이 남아 있다. 이중 18은행 건물은 리모델링해서

차이나타운에서 골목 하나를 지나면 갑자기 분위기가 일본풍으로 바뀐다. 옛 일본인 거주 지역인데 현재는 인천 개항장 근대건축전시관과 중구 구청 등이 들어서 있다.

인천 개항장 근대건축전시관으로 만들어 놓았다. 이곳에 가면 인천의 변천사와 주요 건물들을 한눈에 볼 수 있다. 지금 중구 구청으로 쓰고 있는 옛 건물은 원래 일본 영사관이 있던 곳이다. 1883년 일본이 영사관을 설치할 때에는 제국주의 국가들이 약소 국에 치외법권을 강요하던 때였다. 당시의 영사관이란 지금과는 달리 재판소와 경찰서까지 끼고 있는 방대한 기구였다. 일본이 한국을 강제로 병합하여 한반도가 일본의 영토 범위 내에 편입되어 영사관이 필요 없게 되자 이곳을 인천 시청으로 삼았다가 1986년 이후 중구 구청이 된 것이다.

'역사 문화의 거리'라 이름 붙여 놓은 옛 일본인 거주 지역과 차이나타운의 경계, 즉 일본 조계지와 청국 조계지의 경계에는 자유공원으로 올라가는 가파른 돌계단이 놓여 있다. 이 계단의 좌우로 건축 양식이 확연히 구분되는 것처럼 이 계단도 왼쪽과 오른쪽이 양식이 확연히 다르다. 조계지 계단에는 중국 칭다오 시에서 기증한 공자상이 서 있는데 왼쪽의 석등은 중국식이고 오른쪽의 석등은 일본풍이다. 이 계단을 경계로 일본과 청국의 조계지가 구분되었기 때문에 이 계단을 '조계지 계단'이라 부른다.

자유공원과 맥아더 동상

계단을 따라 올라가면 자유공원이 나온다. 이 공원은 우리나라 최초의 서구식 공원으로 1888년 미·영·러·청·일 등 각국 외교관이 공동 서명하고 러시아 토목 기사 사마틴이 측량, 이곳 일대를 각국 공원으로 획정하여 공원의 모습을 갖추었다. 이 때문에 처음에는 각국공원이라 불리다가 또 만국공원이라 불렸는데 강제 병합 이후 일본이 서구 열강들의 조계지 제도를 폐지하면서 이 공원도 서공원으로 이름이 바뀌게 되었다. 그러다가 1957년 9월 15일 인천 상륙작전 7주년을 기념하여 맥아더 동상이 들어서면서 공원의 이름이 자유공원으로 바뀌게 된 것이다.

맥아더가 죽은 것이 1964년이니 살아 있는 자의 동상을 세워 준 것이다. 옛날 임진왜란 당시 명나라에서 구원병을 이끌고 온 이여송을 위해 생사당을 지어 준 전례가 있다고 하니 씁쓸하기 그지없는 일이다. 어디 그뿐이랴. 신라가 당나라를 끌어들여 백제를 멸망시킨 뒤에는 나당연합군 총사령관인 소정방을 위해 그의 이름을 따서 정방사라는 절을 짓고 백제를 평정했다는 평제탑(지금은 흔히 정림사지 5층 석탑이라 부른다. 국보 9호이다)을 세웠으니 참으로 유구

우리나라 최초의 서구식 공원인 자유공원에는 인천 상륙작전 7주년을 기념해서 세운 맥아더 동상이 있다. 한국전쟁 수행 과정에서 무리수를 거듭하고 전 인류를 핵전쟁으로 파멸시킬 뻔했던 그의 동상을 보면 숨이 막힌다.

하나 가슴 시리도록 우울한 '남의 나라 장수 동상 세워 주는 전통'인 것이다.

풍전등화의 위기에서 나라를 구해 준 은인의 동상을 세우는 것이 뭐가 잘못이냐고 눈을 부라릴 사람이 있을 것 같으면, 만약에 이북 사람들이 국군과 유엔군의 북진에 의해 절체절명의 위기에 몰렸을 때 중국인민지원군을 이끌고 온 펑더화이나 원군을 보내 준 마오쩌둥의 동상을 신의주나 진남포 어디에 세워 놓았다면 우리는 그걸 보고 얼마나 손가락질을 해 댔을까 말하고 싶다. 게다가 맥아더라는 인물이 과연 동상을 세워 줄 만큼 위대한 인물이었는지에 대해서도 우리는 따져 보아야 한다.

물론 인천 상륙작전을 성공적으로 이끌었다는 것은 맥아더의 중요한 군사적 업적이라 할 것이다. 그러나 맥아더는 그 이후의 전쟁 수행 과정에서 결정적인 판단 착오를 두 차례나 저질렀고, 그것을 만회하기 위해 무리수를 거듭했다. 맥아더는 북진 통일을 꿈꿔 온 이승만과 죽이 맞아 먼저 국군을 38도선을 넘어 북상시켜 38도 이북에서의 전투를 기정사실화 시킨 뒤 유엔군도 슬그머니 38도선을 넘어서게 했다. 원래 유엔군의 사명은 38도선의 원상 회복이었는데 이제 상황은 한반도에서의 공산 세력 축출로 바뀐 것이다. 이는 미국이 냉전에 대한 전략에서 봉쇄 전략 이외에 '롤백(rollback : 특정 지역을 장악하고 있는 세력을 여러 가지 수단을 동원해서 그 지역에서 몰아내는 것을 의미한다. 맥아더가 인천 상륙작전에서 승리한 후 미국이 유엔의 깃발하에 38선을 북진하여 북한을 소련의 영향권에서 제거하려고 한 시도를 설명하는 개념이다)' 전략을 처음이자 마지막으로 쓴 것을 의미했다.

 그런데 맥아더가 38도선을 넘기 전, 중국은 미군이 38선을 넘어 북진하는 것은 곧 중국을 쳐들어오는 것이나 마찬가지라고 강력히 경고했다. 만약 유엔군이 북진한다면 중국군을 한반도에 파견하지 않을 수 없다는 것이다. 맥아더는 이 경고를 무시했다. 첫째 중국은 절대로 한반도에 군대를 파견할 수 없을 것이고, 둘째 중국 군대가 한반도 전선에 투입되어 봤자 미군의 상대가 될 수 없다는 것이다. 그런데 이 문제에 대한 맥아더의 전략적 판단은 모두 잘못된 것이었다. 절대 참전할 수 없을 것이라던 중국군이 한반도에 100만 대군을 투입했고, 투입되어 봤자 미군의 상대가 될 수 없을 것이라던 중국군은 미국의 최정예 해병 1사단에게 괴멸적 타격을 안겼다. 이런 엄청난 전략적 판단 착오를 덮기 위해 맥아더는 이북과 만주 지역에 원자폭탄을 투하하자고 강력히 주장했다. 그것도 한 발 두 발이 아니고 26발을 일차로!

 이때는 1945년 미국이 일본을 상대로 원자폭탄을 투하할 때와는 달리 소련이 핵무기 개발에 성공한 뒤였다. 만약 미국이 다시 핵무기를 쓴다면 소련 역시 핵으로 응대할 가능성이 매우 컸다. 맥아더는 전 인류를 핵전쟁으로 파멸시킬 수 있는 위험한 주장을 하면서 트루먼 대통령의 통수권에 도전하다가 해임되었다. 맥아더는 민주주의를 지키는 핵심 원리의 하나인 문민 통제의 원칙에 미국 역사상 최초로 심각하게 도전했다가 해임된 것이다. 내가 어릴 때만 해도 그때 맥아더가 해임되지 않았어야 우리가 통일되는 것인데 하며 아쉬워하는 소리를 많이 들을 수 있었다. 그러나 지금 생각해 보면 만약 트루먼이 유약하게 맥아더의 전쟁 선동에 넘어갔더라면 한반도 전체가, 아니 전 동아시아가 쑥대밭이 되었을 것이라는 생각에 식은땀이 흐른다.

2005년에는 맥아더 동상의 철거 문제가 우리 사회를 뜨겁게 달구었다. 2002년 5월에 〈한겨레21〉에 맥아더 동상 문제를 제기하는 글을 쓴 나는 당연히 철거에 찬성하는 입장이지만 그때의 철거 운동 방식은 문제가 많았다고 생각한다. 저런 동상이 서 있는 것 자체를 많은 사람들이 부끄럽게 여기도록 군불을 때는 작업 없이 우격다짐으로 동상을 끌어내리려 하다가 남남 갈등만 심각하게 일으킨 것이 아닌가 한다. 우리 대중들 속에 수십 년의 분단 체제 속에서 형성된 친미 반공 의식을 너무 가벼이 본 것은 아니었을까? "노병은 죽지 않는다. 다만 사라질 뿐이다."라고 폼을 재고서 죽어서도 사라지지 않는 저 동상을 보면 나는 숨이 막힌다.